Somos associados da **Fundação Abrinq** pelos direitos da criança. Nossos fornecedores uniram-se a nós e não utilizam mão de obra infantil ou trabalho irregular de adolescentes.

...tor cedeu os direitos autorais desta obra à
...RASSOL – Centro de Orientação, Reintegração e Assistência Social
...a Legionário Maurício, 69, Vila Pompéia, CEP 14060-310, Ribeirão Preto/SP, tel.: (0xx16) 3622-6998.
...eclarada de Utilidade Pública Municipal, Estadual e Federal
CNPJ 01.905.513/0001-04

Deus, Espírito e Universso

1-6-09-5.000

Direção editorial: **Flávio Machado**
Assistente editorial: **Dirce Yukie Yamamoto**
Chefe de arte: **Marcio da Silva Barreto**
Capa e projeto gráfico: **Ricardo Brito**
Imagens da capa: **Antony Papantoniou, Joshua Liu e Teresa Newton / Dreamstime.com**
Revisão: **Maiara Gouveia**
Fotolito da capa e impressão: **SERMOGRAF – Artes Gráficas e Editora Ltda.**

Dados Internacionais de Catalogação na Publicação (CIP)
(Câmara Brasileira do Livro, SP, Brasil)

Kühl, Eurípedes.
Deus, espírito e universo : o Espiritismo e os desafios do século 21 / Eurípedes Kühl. – São Paulo : Petit, 2009.

ISBN 978-85-7253-176-4

1. Espiritismo 2. Espiritismo – Filosofia I. Título.

09-04777 CDD: 133.901

Índices para catálogo sistemático:
1. Doutrina espírita 133.901

Impresso no Brasil, no inverno de 2009.

Prezado leitor(a),

Caso encontre neste livro alguma parte que acredita que vai interessar ou mesmo ajudar outras pessoas e decida distribuí-la por meio da internet ou outro meio, nunca deixe de mencionar a fonte, pois assim estará preservando os direitos do autor e conseqüentemente contribuindo para uma ótima divulgação do livro.

Eurípedes Kühl

Deus, Espírito e Universso

O Espiritismo e os desafios do século 21

petit editora

Rua Atuaí, 383/389 – Vila Esperança/Penha
CEP 03646-000 – São Paulo – SP
Fone: (0xx11) 2684-6000
www.petit.com.br | petit@petit.com.br

CONFORME NOVO ACORDO ORTOGRÁFICO

Livros do médium
EURÍPEDES KÜHL:

Com o Espírito Josué

- *Infidelidade e Perdão*
- *Uma Partida de Amor*
- *Três Arco-Íris*

Com o Espírito Roboels

- *Sempre Há uma Esperança*
- *Transplante de Amor*

Com o Espírito Domitila

- *Os Tecelões do Destino*

Com o Espírito Claudinei

- *Saara: Palco de Redenção*

Do próprio autor

- *Fragmentos da História pela Ótica Espírita*
- *Animais, Nossos Irmãos*
- *150 Anos de Allan Kardec*
- *Deus, Espírito e Universo*

Pela Butterfly Editora

- *Sonhos: Viagens à Alma*

Sumário

Introdução

Análises e reflexões espíritas

Qualquer fato tem no mínimo duas versões.

Isso quer dizer que uma delas pode ser verdadeira e a outra, falsa.

Tanto uma como outra podem não contar com 100% de veracidade ou de mentira.

Esse ponto de vista me leva a refletir que a verdade verdadeira, assim como a mentira completa, podem inexistir: é sempre possível que aquela tenha uma pitada de mentira e esta, algo de veracidade...

Disso se depreende que quando alguém afirma ter "certeza absoluta" de alguma coisa, a única "certeza" é que essa pessoa, sendo sincera, talvez esteja dizendo a verdade, mas, ainda assim, pode estar mentindo, embora sem querer.

Velho ditado popular reza que "na vida, a única certeza é a morte".

Para a grande maioria dos habitantes da Terra, isso é verdade, mas para inexpressiva minoria, não. E essa minoria crê piamente que está com a razão, isto é, que a morte não existe.

– Quais pessoas fazem parte desse pequeno grupo?

As que creem na vida eterna e, mais particularmente, na reencarnação: budistas, hinduístas, espíritas e mais algumas correntes do pensamento religioso. Católicos, conquanto creiam na vida eterna, descreem das vidas sucessivas.

Desse modo, para aquele grupo a morte não existe. Podemos inferir que seus componentes intuem, sem poder prová-lo, que o corpo perece, mas a alma é imortal. Disso se conclui que sua crença na vida eterna não exclui a morte física, e, considerando-se tal assertiva, quando dizem que a morte não existe estão dizendo uma verdade parcial. E aqueles que acreditam na alma (os católicos, por exemplo), mas não na reencarnação, "tendo certeza de que a morte existe", navegam em águas algo contraditórias, isto é, há morte mas há vida (eterna)...

Tudo isso que embaralhei acima tem como objetivo informar ao leitor que tiver paciência de seguir ou prosseguir lendo este livro que, naquilo que vem pela frente, eu não vou tomar partido de nenhuma "verdade integralmente verdadeira", tampouco de eventual mentira que possa conter, ao menos, um pouquinho de verdade.

Temas humanos – qualquer um deles – se prestam a ser matéria-prima para polêmicas. E também para este livro, com paisagem vista de janela espírita.

Pois é dessa janela que o espírita, sincero e estudioso, vislumbra a pluralidade dos mundos habitados, crê na justiça divina, que, pela lógica imbatível da reencarnação se expressa na Lei de Causa e Efeito.

Não obstante, aconselho que sobre as coisas deste mundo ninguém radicalize. Ao contrário, olhe as duas faces da moeda e dê a César o que é dele e a Deus gratidão pela única e inquestionável certeza: a de que vivemos, logo, existimos.

Ribeirão Preto – outono de 2009.

Evolução do princípio inteligente

Ideias sobre a criação do homem

Crenças seculares davam conta de um "paraíso terrestre" (o Éden), no qual habitava Adão e depois Eva, paraíso esse perdido por imprudência (?) de ambos...

Já as ciências (Arqueologia, Biologia, Física, Química etc.) registram os degraus evolutivos do homem, contemplando o "evolucionismo".

Obs.: A Ciência moderna refuta o "criacionismo" (doutrina que sustenta que Deus cria a alma, infundindo-a no corpo). Os cristãos de tendência fundamentalista invocam relatos bíblicos (Gênesis) para justificar esse modo de aparecimento das espécies.

O Espiritismo, proclamando a justiça divina e a reencarnação, a bordo da "fé raciocinada", registra os degraus evolutivos do espírito (ou "homem espiritual"). Em síntese, proclama:

*

- ✔ Deus é o Criador (incriado) de tudo e de todos;
- ✔ De Deus emanam dois princípios:

▶ Princípio Inteligente Universal: do qual se desprende a *mônada*, que se constitui em Princípio Inteligente Individual (P.I.), este último, ao evoluir, converte-se em espírito;

Obs.: Segundo André Luiz, no livro *Evolução em Dois Mundos* (RJ: FEB, 1989, 11ª Ed.), mônada é a "célula espiritual, o princípio inteligente em suas primeiras manifestações", ou seja, na primeira fase de evolução do ser vivo ou, ainda segundo André Luiz, "os germes sagrados dos primeiros homens..."

▶ Princípio Material: do qual resulta o *fluido universal*, que por sucessivas transformações se converte em fluido cósmico; fluido espiritual ou fluido etéreo (existente apenas no plano espiritual, formador, por exemplo, do perispírito); fluido vital (sustentador da vida dos seres); fluido magnético (energia pessoal dos encarnados) e, finalmente, fluido material, o qual, transformando-se e combinando-se infinitamente, responde por toda a matéria existente no universo.

Criação dos Espíritos: Como? Quando? Origem?

Às questões nº 78, 79 e 81 de *O Livro dos Espíritos* (SP: Petit Editora, 1999), formuladas por Allan Kardec aos espíritos elevados, estes respondem:

"– (...) Mas quando e como cada um de nós foi criado, repito, ninguém o sabe: esse é o mistério".

E aduzem:

"– (...) Os Espíritos são a individualização do princípio inteligente".

"– Deus os cria, como a todas as outras criaturas, por Sua vontade. Mas, repito mais uma vez, sua origem é um mistério".

Estágios evolutivos do Princípio Inteligente (P.I.)

Concepções espíritas

Eis aqui matéria controversa entre os espíritas, de Kardec aos nossos dias.

Se a ciência define a matéria como sendo orgânica e inorgânica, o Espiritismo, por sua vez, tem como premissa a existência de quatro reinos: mineral, vegetal, animal e hominal. Por minha conta, acrescento mais um: o reino angelical...

Este espaço não comporta detalhamento de uma ardente questão: o princípio inteligente, ao ser criado, inicia estágio evolutivo nos reinos inferiores ou diretamente no reino hominal? Se provém daqueles reinos, estagiou em todos?

Para quaisquer respostas, há prós e contras. Vou apenas enumerar algumas concepções:

- No reino mineral (protoplasma primitivo)

"Protoplasma = É no seio dos mares primitivos... que se formou essa massa viscosa, primeira manifestação da vida inteligente, que deve desenvolver-se progressiva e paralelamente, e produzir a inumerável multidão de formas vegetais e animais, para chegar, após uma série de séculos ou milênios, à obra tão pacientemente perseguida: – a aparição do ser consciente – o homem." ("A evolução anímica" em *A Evolução Cósmica*, Gabriel Dellane, cap. 6, RJ: FEB, 1989)

À questão nº 540 de *O Livro dos Espíritos*, encontramos:

"– (...) tudo se encaixa na natureza, desde o átomo primitivo até o arcanjo que começou pelo átomo".

Ainda em *O Livro dos Espíritos*, temos a questão nº 607a:

"Assim, pode-se considerar que a alma teria sido o princípio inteligente dos seres inferiores da Criação?

– (...) É nesses seres ["os seres inferiores da Criação"], que estais longe de conhecer inteiramente, que o princípio inteligente se elabora, individualiza-se pouco a pouco e ensaia para a vida, como já dissemos. É, de algum modo, um trabalho preparatório, como a germinação, em que o princípio inteligente sofre uma transformação e torna-se Espírito".

Temos aqui afirmação clara de que o princípio inteligente sofre transformação, transforma-se em espírito. Porém, como veremos, algumas dessas assertivas tiveram reparos posteriores...

▶ No reino vegetal

À questão nº 591 de *O Livro dos Espíritos*, encontramos:

"– (...) nesses mundos superiores as plantas são sempre plantas, os animais são sempre animais e os homens, sempre homens".

Assim, vou logo passar para o reino animal, cujos registros na codificação praticamente excluem que o princípio inteligente tenha estagiado tanto no reino mineral quanto no vegetal (eu disse que não há consenso...).

▶ No reino animal

Alguns estudiosos espíritas aceitam a criação do princípio inteligente a partir do reino animal, considerando que as questões nº 606 e 607 de *O Livro dos Espíritos* não se opõem a tal interpretação. Vejamos a questão nº 606a:

"A inteligência do homem e a dos animais vêm de um princípio único?

– Sem dúvida. Mas no homem ele recebeu uma elaboração que o eleva acima do animal".

Já André Luiz, em *Missionários da Luz* (Cap. 13, RJ: FEB), diz por meio do mentor Alexandre:

"(...) lembre-se de que os organismos mais perfeitos da nossa Casa Planetária procedem inicialmente da ameba".

Mas... foi o próprio Kardec que à questão nº 613 de *O Livro dos Espíritos* deixou registrado:

"O ponto de partida dos Espíritos é uma dessas questões que se ligam ao princípio das coisas e que estão nos segredos de Deus. Não é permitido ao homem conhecê-lo de maneira absoluta, e ele somente pode fazer a esse respeito suposições, construir sistemas mais ou menos prováveis. Os próprios Espíritos estão longe de conhecer tudo; sobre o que não sabem podem também ter opiniões pessoais mais ou menos sensatas.

É assim, por exemplo, que nem todos pensam a mesma coisa a respeito das relações que existem entre o homem e os animais. Segundo alguns, o Espírito só alcança o período de humanidade após ter sido elaborado e individualizado nos diferentes graus dos seres inferiores da Criação; segundo outros, o Espírito do homem teria sempre pertencido à raça humana, sem passar pela experiência animal.

(...) Quanto às relações misteriosas que existem entre os homens e os animais, está aí, nós repetimos, o segredo de Deus, como muitas outras coisas cujo conhecimento atual não importa ao nosso adiantamento e sobre as quais seria inútil insistir".

Não sei se estou interpretando bem essas palavras de Kardec, mas aqui elas parecem sinalizar que o codificador preferiu não endossar nem reprovar a tese de estágios do princípio inteligente nos reinos mineral e vegetal.

Tudo me leva a uma reflexão, por enquanto "semidefinitiva": o homem ainda não reúne condições para conhecer o roteiro integral de sua criação...

▶ No reino hominal

Aqui, nenhuma controvérsia. Até porque se encontra na questão nº 115 de O *Livro dos Espíritos:*

"– Deus criou todos os Espíritos simples e ignorantes".

Mas, se é no reino hominal que o princípio inteligente se transforma em espírito (questão nº 607a de O *Livro dos Espíritos*, SP: Petit Editora, 1999), formulo a pergunta: e antes, onde estava?...

De qualquer forma, "adentrando no período de Humanidade" o espírito estará equipado pela providência de três sublimes potencialidades com as quais rumará para toda a eternidade:

*

- ✔ Pensamento e inteligência contínuos
- ✔ Livre-arbítrio
- ✔ Consciência (em que estão gravadas as Leis Morais)

Sem inaugurar polêmica, deixo aqui registrada minha opinião, a qual de forma alguma contém ousadia ou desrespeito a Kardec: refletindo e analisando, opino (apenas opino...) que o princípio inteligente estagiou, sim, nos reinos mineral, vegetal e animal. Espíritos siderais monitoraram tais estágios, supondo inconsciência nos princípios inteligentes; só serão conscientes quando adentrarem no reino hominal.

Eis as bases para minha opinião (que não passa mesmo de opinião pessoal):

▶ Estágio do princípio inteligente no reino mineral

Louvo-me na seguinte reflexão: é na sua passagem pelo reino mineral que o princípio inteligente absorve um condicionamento que irá acompanhá-lo por todos os demais estágios: o da agregação atômica (união de átomo a átomo, formando um corpo individual).

E ainda incorpora nuanças expressivas das forças de atração e coesão molecular. Como exemplo cito os bem-ordenados sistemas cristalográficos.

E voando rasteiro (sujeito, pois, a bem depressa cessar de fazê-lo), lembro que nosso corpo físico é todo ele oriundo do reino mineral.

Encontro apoio nos seguintes pareceres:

Jorge Andréa dos Santos, consagrado estudioso espírita, em *Impulsos Criativos da Evolução* (Cap. 1, "A origem da vida", RJ: Sociedade Editora Espírita F. V. Lorenz, 1995), nos diz:

"Milhões e milhões de anos desfilam e as energias puras, inconscientes da sua mecânica, sem experiências, percorrem a escala evolutiva... É o princípio inteligente marchando, vitorioso, em constante e ordenada busca: a individualização! (...) O mineral possui tanto a vida quanto o vegetal e o animal".

Léon Denis, segundo citação de Herculano Pires em *Agonia das Religiões*, cap. 5, deixou registrado (ou poetizado):

"A alma dorme na pedra, sonha no vegetal, agita-se no animal e acorda no homem".

O Espírito André Luiz, pela psicografia de Chico Xavier, no livro *No Mundo Maior* (Cap. 3, "A casa mental", RJ: FEB, 1977), repete palavras do Instrutor Calderaro:

"A crisálida de consciência, que reside no cristal a rolar na corrente do rio, aí se acha em processo liberatório; as árvores que por vezes se aprumam centenas de anos, a suportar os golpes do Inverno e acalentadas pelas carícias da Primavera, estão conquistando a memória; a fêmea do tigre, lambendo os filhinhos recém-natos, aprende rudimentos do amor; o símio, guinchando, organiza a faculdade da palavra".

Ainda André Luiz, pela mesma via, agora em *Evolução em Dois Mundos*, Primeira Parte (Cap. 3, "Evolução e corpo espiritual"):

"Das cristalizações atômicas e dos minerais, dos vírus e do protoplasma, das bactérias... a mônada... atravessou os mais rudes crivos da adaptação".

E ainda do mesmo autor e obra, Primeira Parte, cap. 6:

"Genealogia do Espírito: (...) Com a Supervisão Celeste, o princípio inteligente gastou, desde os vírus e as bactérias das primeiras horas do protoplasma na Terra, mais ou menos quinze milhões de séculos, a fim de que pudesse, como ser pensante, embora em fase embrionária da razão, lançar as suas primeiras emissões de pensamento contínuo para os Espaços Cósmicos".

Obs.: Pois é, caro leitor, essa é a nossa idade: cerca de 1,5 bilhão de anos!

Herculano Pires, no já citado *Agonia das Religiões* (Cap. 5, SP: Paidéia), afirma:

"Do átomo nasce o minério, deste o vegetal, deste o animal, deste o homem e deste o anjo, o Arcanjo e quantas criaturas espirituais quisermos enumerar".

O Espírito Emmanuel, pela psicografia de Chico Xavier, em *A Caminho da Luz* (Cap. 1, "A vida organizada", item "Os primeiros habitantes da Terra", RJ: FEB, 1985), registra:

"Dizíamos que uma camada de matéria gelatinosa envolvera o orbe terreno em seus mais íntimos contornos. Essa matéria, amorfa e viscosa, era o celeiro sagrado das sementes da vida. O protoplasma foi o embrião de todas as organizações do globo terrestre, e se essa matéria, sem forma definida, cobria a crosta solidificada do planeta, em breve a condensação da massa dava origem ao surgimento do núcleo, iniciando-se as primeiras manifestações dos seres vivos".

O Espírito Áureo, por intermédio da psicografia de Hernani T. Santanna, na obra *Universo e Vida* (Cap. 3, RJ: FEB, 1998, 5ª Ed.), registra:

"O Princípio Espiritual, crisálida da consciência, nasce, por transformação, da extrema evolução da energia, no berço da matéria. (...) O Princípio Espiritual é o gérmen do Espírito, a protoconsciência. Uma vez surgido, jamais se desfará, jamais morrerá. Filho de Deus Altíssimo, inicia então sua lenta evolução, no espaço e no tempo, rumo ao principado celeste, à infinita grandeza crística. Durante milênios vai residir nos cristais, em longuíssimo processo de autofixação, ensaiando aos poucos os primeiros movimentos internos de organização e crescimento volumétrico, até que surja, no grande relógio da existência, o instante sublime em que será liberado para a glória orgânica da Vida".

▶ Estágio do princípio inteligente no reino vegetal

✔ Manifestações mais avançadas (como a fotossíntese, por exemplo)

✔ Nascimento / alimentação / crescimento / reprodução / morte

✔ Expressões iniciais de sensibilidade

✔ Expressões iniciais de sexualidade:

- ✔ Plantas fanerogâmicas (hermafroditismo)
  (*phaneros* = aparente + *gamos* = união)
  (órgãos de reprodução aparentes = flores)
- ✔ Plantas criptogâmicas (reprodução sexuada)
  (*kryptos* = oculto + *gamos* = casamento)

O determinismo cósmico dirigirá as colônias vegetais a um procedimento padrão, limiar do modo de vida dos animais, cujas espécies agem por instinto, sempre da mesma forma.

Colônias de vegetais de uma mesma espécie ajuntando-se e simultaneamente convivendo com imensas e diversas variedades de outros vegetais (florestas, por exemplo), em gregarismo – de grei, rebanho, que vive em bando, em coletividade –, talvez a expressão de um psiquismo rudimentar, que mais tarde vai manifestar-se no comportamento do homem, animal racional gregário.

Sugiro aos interessados em maiores e melhores reflexões sobre o progresso do espírito, desde sua criação, que leiam a judiciosa e amplamente informativa obra: *A Evolução do Princípio Inteligente*, de Durval Ciamponi (SP: Feesp, 2001).

Vida: Origem? Quando? Como?

Hipóteses

- 1ª. Conceito religioso: "Vontade de Deus" (dogma...).

- 2ª. Geração espontânea: Surgindo do nada, das cinzas.

- 3ª. (outra) Geração espontânea: "Prova" = de um pedaço de carne ao ar livre, em algum tempo surgem vermes...

- 4ª. Seres espaciais: Vieram do espaço e invadiram a Terra.

- 5ª. "Sementes espaciais": "caídas do Céu", mas vindas de quais dimensões cosmológicas? Só pode ser de planetas distantes.

Ou então a bordo de meteoritos...

Mas, até chegar aqui, como foram transportadas, como se alimentaram para se manter vivas?... E como trespassaram a praticamente intransponível barreira atmosférica que protege a Terra?

*

▶ 6ª. Ciência:

✔ Biologia: Plânctons = primitiva forma de vida biológica.

✔ Física: Em 1975, na Universidade de Stanford/EUA, verificou-se no acelerador de partículas o que ocorre na colisão do elétron e o seu correspondente antimaterial, o pósitron.

Aventou-se a figura de um agente externo ao universo (com vontade própria), capaz de atuar sobre a energia universal (que é amorfa, inalterável e em expansão), formando partículas, com módulos, que por sua vez formariam as mais elementares partículas atômicas.

Atualmente, tais agentes estruturadores (com vontade própria) se denominam *frameworks* (*frame* = estrutura + *work* = trabalho).

▶ 7ª. O Espiritismo: Associa a formação da vida material ao sistema espiritual, conceituando que a geração espontânea biológica (aqui mesmo no planeta Terra) se deve à existência do *princípio vital* (*O Livro dos Espíritos*, questões nº 60 a 67).

Como foi largamente analisado no capítulo anterior ("Evolução do princípio inteligente"), houve uma divina programação para que a vida se estabelecesse no planeta Terra.

O Espírito Emmanuel, pela psicografia de F. C. Xavier, na já citada obra A *Caminho da Luz* (Cap. 2, "A vida organizada",

As construções celulares), explana detalhadamente como "sob a orientação misericordiosa e sábia do Cristo, laboravam na Terra numerosas assembleias de operários espirituais, no sentido de estudar, prever e prover a manifestação dos primeiros habitantes da Terra".

Considerando a grandeza dessa informação, e mesmo de toda a citada obra, convido o leitor a lê-la e estudá-la, já que não caberia aqui discorrer sobre o referido texto.

Reencarnação – quantas vezes?...

Relativamente à existência terrena e à reencarnação, alguém poderá ter interesse em saber quantas vezes o espírito reencarna...

Obviamente, ninguém tem essa resposta. Só Deus!

Pelas orientações dos espíritos evoluídos, sempre citando a justiça divina e a Lei de Causa e Efeito, o espírito é criado simples e ignorante e dotado de inteligência, consciência e livre-arbítrio, tendo todos os meios de usar esses sublimes atributos para evoluir.

Consoante o emprego feito, para o bem ou para o mal, evoluirá com menor ou maior número de reencarnações, respectivamente.

Mas apenas num exercício imaginativo, com base nos ensinos desses mesmos espíritos evoluídos, apresento aqui uma simples suposição, com amparo unicamente em cálculos estatísticos, isto é, sem nenhuma pretensão de realidade.

Repito: apenas uma suposição e assim mesmo considerando um espírito que esteja na média evolutiva.

Busquei subsídios na já citada obra do Espírito André Luiz, *Evolução em Dois Mundos* (Cap. 6):

"Princípio inteligente: 15 milhões de séculos para, como ser pensante, em fase embrionária da razão, lançar suas primeiras emissões de pensamento contínuo".

Supondo – apenas supondo –, que cada existência terrena do ser com *pensamento contínuo* (o homem) dure 100 (cem) anos e que após desencarnar o espírito permaneça outros 100 (cem) anos no plano espiritual, teríamos que ocorrem cinco reencarnações por milênio.

Daí, aplicando esses dados imaginários aos estudos da Antropologia e da Arqueologia, teríamos:

✔ *Homo sapiens* (local ignorado) – 400 mil anos = 2 mil reencarnações;

✔ *Homo sapiens neanderthal* – 80 mil anos = 400 reencarnações;

✔ *Cro-magnon* (França) – 38 mil anos = 190 reencarnações.

Como se vê, é impossível para qualquer pessoa aproximar-se da informação de quantas vezes já teria reencarnado... E, já que estou falando da vida, cito a seguir algumas análises sobre como o Criador engendrou o lar para Seus filhos, programando o roteiro evolutivo do princípio inteligente:

*

Do átomo ao anjo

A Terra é o nosso lar

Construído por Deus, há mais ou menos 4,5 bilhões de anos!

Depois de aproximadamente 1,5 bilhão de anos, a vida chegou.

De início, de forma rudimentar...

Vou comentar a chegada dos seres vivos por aqui e como teria acontecido.

Para tanto, baseio-me em informações de espíritos elevados, por meio de abençoadas mensagens que bondosos médiuns nos legaram.

A formação da Terra

A Terra nasceu da nuvem solar. De início, não tinha forma regular.

À proporção que atraiu maior quantidade de matéria, começou a tomar a forma esférica.

Quando atingiu seu tamanho atual, a Terra tinha uma atmosfera densa (não a original, de hidrogênio, mas a produzida pelos gases internos).

A vida ainda não tinha começado...

A Terra, atualmente, movendo-se em órbita estável, possui temperatura uniforme e atmosfera rica em oxigênio. Assim, só ela, entre todos os planetas do Sistema Solar, é adequada à vida!

Quando o Sol se aproximar do estágio de gigante vermelho, a Terra será aquecida a um ponto intolerável...

A atmosfera desaparecerá.

Os mares ferverão.

Cessará a vida no planeta.

O Sol

O Sol reúne mais massa que a de todos os planetas, somadas.

Tem efeito gravitacional dominante sobre todos os corpos celestes do Sistema Solar.

É a fonte primária de energia, que se irradia pela vastidão cósmica compreendida pelo Sistema Solar. Por meio de sua permanente irradiação eletromagnética, abastece de luz e calor o nosso planeta. Sem ele a vida não existiria na Terra.

Para se ter uma dimensão (se é que é possível...) da energia que o Sol despeja no espaço, a cada segundo, enumero dois dados científicos:

✔ o equivalente a aproximadamente cem bilhões de bombas atômicas de 1 megaton;

✔ a cada segundo (repito), cerca de 700 milhões de toneladas de hidrogênio são convertidas em aproximadamente 695 milhões toneladas de hélio e 5 milhões de toneladas de energia (=3,8e33 ergs) na forma de raios gama.

– Como assimilar tal magnitude? E pensar que o Sol é "apenas" de quinta grandeza...

*

O Sistema Solar

Formado pelos planetas: Mercúrio, Vênus, Terra, Marte, Júpiter, Saturno, Urano, Netuno, Plutão. Em 15 de março de 2004 o Sistema Solar teve seus limites expandidos em aproximadamente 7 bilhões de quilômetros com a descoberta do mais distante corpo celeste a orbitar o Sol. Trata-se de um planetoide de 1.700 quilômetros de diâmetro, pouco mais da metade do tamanho da Lua. Ele gira em torno dos outros nove planetas em uma órbita elíptica que oscila entre 13 bilhões e 13,5 bilhões de quilômetros do Sol. Cada ano do astro, medido pelo tempo que demora para dar a volta em torno do Sol, leva 10.500 anos da Terra. Esse objeto gelado, com temperaturas de 240 graus negativos e uma estranha cor avermelhada, é o maior já detectado nas fronteiras do Sistema Solar desde a descoberta de Plutão, em 1930. Os astrônomos americanos que o localizaram lhe deram o nome de Sedna, em homenagem a uma deusa dos esquimós.

O homem e a religião

Pretendo oferecer aos leitores deste estudo alguns respingos históricos a respeito do Espiritismo. Antes, farei uma rápida reflexão sobre como e quando se iniciou o sentimento religioso na humanidade, até chegarmos à codificação da Doutrina dos Espíritos, por Allan Kardec, no século 19.

8.000 a.C.

Supõem os historiadores, sem condições de confirmá-lo, que a crença no poder celestial teria surgido por volta do ano 8.000 a.C. A cada fenômeno da natureza criava-se um deus – via de regra autoritário (poder absoluto...), exigente (holocaustos...) e vingativo (causador até de mortes...)

Igualmente, a cada atividade humana.

Depois, até mesmo os animais passaram a ser endeusados, sempre em linguagem simbólica.

Por séculos e séculos a humanidade viveu sob o politeísmo original, comandada por aqueles "deuses", os quais seriam os responsáveis por tudo o que acontecia no mundo de então:

✔ Deuses da natureza, um para cada um dos fenômenos geológicos, tais como: o raio, o relâmpago, o trovão, a chuva, o vento, o vulcão, inundações, terremotos etc.;

✔ Deuses dos atos humanos, de ação individualizada, também para: a caça, a pesca, a plantação, a colheita, a guerra, a cura de doenças, o nascimento, a morte etc.;

✔ Mais deuses, sempre individuais, para os animais: a íbis, o crocodilo, o gato, o boi etc.

Com o tempo, acoplando a data e a hora do nascimento à posição das estrelas, estabeleceu-se o horóscopo, dividindo-se a trajetória aparente do Sol em 12 partes, cada uma com 30 graus. No horóscopo, o interesse pelo futuro era (como ainda é) estritamente individual.

Os profetas

Depois, vieram os Profetas...

Eles sobrepuseram às diversas crenças a comunicação direta com Deus. As profecias, todas, visavam ao bem coletivo.

*

As religiões

Em seguida, espíritos missionários aportaram no planeta, com a incumbência de fundar as religiões, que se reportariam (como se reportaram) ao estágio evolutivo de cada época.

Todos esses espíritos, sem exceção, trouxeram luzes para o futuro dos povos de então.

Focalizando agora nosso olhar na história das religiões, iremos sempre encontrar uma hierarquia social induzindo os adeptos (promovidos a fiéis) – o povo, a rigor – à disciplina e submissão às classes dominantes. Isso, desde os imemoriais tempos do Egito, da Babilônia (país da Ásia Antiga), Assíria e Roma. Assim, unindo equivocadamente o Céu à Terra, muitos fiéis, há muito tempo, creem poder alcançar bens individuais em troca de sacrifícios, oferendas, promessas etc.

Jesus

O Cristo (ungido) de Deus, inegavelmente o maior de todos os missionários, legou à humanidade o tesouro da fé, por ter sido aquele que mais concedeu o amor, de todos os tempos. Falou ao mundo do Reino de Deus, intangível e intocável na crença dos povos de então, arrastando milhões e milhões de espíritos ao patamar em que reside a esperança. Suas palavras, de duração eterna, tiveram, têm e terão o inigualável efeito de iluminar trevas externas e internas da mente. Sendo necessário apenas ter "olhos para ver" e "ouvidos para ouvir". Não criou nenhuma religião. Não deixou dogmas.

A moral cristã, da primeira à última instância, fundamenta-se na Lei do Amor – amor a Deus e ao próximo. Por isso, acredito que Jesus é a maior de todas as incontáveis benesses que Deus, desde sempre, dispensa à humanidade inteira.

Darei agora um rápido mergulho no passado da civilização, com o olhar voltado para o surgimento das religiões. Meu objetivo é chegar ao Espiritismo, caracterizando-o, e às suas diferenças, que não são poucas, em relação ao Candomblé e a Umbanda. Respeitáveis os três credos. Mas diferentes entre si!

Vejamos o que a História registrou e o que o mundo de hoje nos mostra acerca da relação criatura-Criador, filho-Pai, homem-Deus:

▶ Judaísmo: Fundado no Oriente Médio pelo patriarca Abraão, por volta do século 17 a.C. O legislador de Israel, nação formada a partir da doutrina judaica, foi Moisés. Para os judeus a Bíblia é formada unicamente pelos livros hebraicos e corresponde essencialmente ao Antigo Testamento dos cristãos. O Judaísmo se fortaleceu ainda mais com a criação do Estado de Israel, em 1948. Possui fortes características étnicas, nas quais nação e religião se mesclam. O Judaísmo é reconhecido como a primeira religião monoteísta da humanidade e, cronologicamente, a primeira das três religiões oriundas de Abraão, com o Cristianismo e o Islamismo.

Adeptos: cerca de 15,1 milhões.

*

▶ Hinduísmo (Bramanismo): Principal religião da Índia. Caracteriza-se pelo sistema de castas. Sucedeu ao vedismo (religião primitiva conhecida por quatro coleções de hinos – os Vedas –, entre 1.400 a.C. e o sétimo século a.C.). Reconhece a autoridade dos Vedas. O ser humano está sujeito ao *samsara* (sucessão de vidas e renascimento), regido pela lei do *karma* (ação e reação de toda ação, boa ou má). Posteriormente, incorporou o ideal de renúncia budista.

Adeptos: 870,1 milhões.

▶ Confucionismo: Data do quinto século a.C. Foi uma tentativa de estabelecer regras de comportamento, numa agitada época do mundo chinês, em que vários principados se destruíam mutuamente.

Respeito aos mais velhos; amor ao trabalho bem executado; moral severa: eis os traços do Confucionismo.

Adeptos: cerca de 6,5 milhões.

▶ Budismo: Religião nascida na Ásia, fundada pelo príncipe hindu Sidarta Gautama, o Buda (560 e 480 a.C.). Ensinamentos: tudo é transitório; a realidade é mutável; não existe nada em nós de realidade metafísica, nada de indestrutível. O ser está submetido ao ciclo de nascimentos e mortes, enquanto a consequência da ação (*karma*) não for interrompida. A existência está sujeita ao infortúnio, que se manifesta pelo sofrimento, doença e morte. Tem por ideal a renúncia.

É na Ásia que se concentra a maioria dos seus adeptos, cerca de 378,8 milhões.

▶ Xintoísmo: Religião do Japão, na qual os deuses são a personificação das forças naturais, e os espíritos dos antepassados são igualmente considerados deuses. A partir do sexto século os budistas anexaram as divindades xintoístas ao seu panteão e, pouco a pouco, formou-se um sincretismo. No século 17 novas seitas xintoístas recusaram qualquer compromisso com religiões estrangeiras. No século 19 tornou-se uma espécie de religião do Estado (adoração do imperador-deus).

Adeptos: 2,8 milhões.

▶ Cristianismo: Conjunto das religiões organizadas em torno da representação que temos de Jesus Cristo e nos escritos que relatam suas palavras e seus pensamentos. O Cristianismo, nascido na Judéia e difundido inicialmente no Oriente, foi pregado no mundo mediterrâneo pelos Apóstolos, depois da morte de Jesus. O Cristianismo, em sua origem uma seita surgida do Judaísmo, afirma-se como religião revelada, isto é, de origem divina, com a particularidade de que Jesus, seu fundador, não é considerado um simples intermediário entre Deus e a humanidade, mas o próprio Deus.

São 2,135 bilhões de cristãos no planeta. Assim, o Cristianismo é a religião que conta com o maior número de fiéis no mundo. No decorrer da História, o Cristianismo dividiu-se em três correntes principais: Igreja Católica, Protestantismo e

Igreja Ortodoxa, além de outras linhas como a Igreja Anglicana e os credos chamados de "Cristianismo de fronteira" (grupos que estão na intersecção entre o Cristianismo e outra doutrina, como, por exemplo, a Igreja Adventista, Mórmons e Testemunhas de Jeová).

▶ Islamismo: Religião e civilização dos mulçumanos, fundada por Maomé, tendo surgido no sétimo século, na península arábica, é a última das religiões monoteístas. Maomé recebeu de Deus a revelação corânica (O Corão ou Alcorão e o *hadith* – narrativa; coleção dos atos e palavras de Maomé – formam a tradição, verdadeira constituição que serve de modelo imperativo para os mulçumanos). Não existe um clero mulçumano. Dogma principal do Islã: a existência de Deus (Alá), ser supremo único, infinitamente perfeito, Criador do universo e juiz soberano dos homens. Para os mulçumanos, Maomé é o enviado de Alá.

Adeptos: 1,314 bilhão.

▶ Religiões populares chinesas: Crenças e práticas que podem incluir divindades locais e elementos budistas, confucionistas e taoístas.

Adeptos: 405,0 milhões.

▶ Animismo e Xamanismo: Crença de que tudo o que existe – seres vivos, objetos inanimados, lugares e até fenômenos naturais – tem alma.

Adeptos: 256,3 milhões.

▶ Ateísmo: Doutrina que nega a existência de qualquer divindade e dispensa a ideia de uma justificativa divina para a vida. Um dos argumentos utilizados pelos ateus para sustentar sua posição é a suposta incompatibilidade da coexistência de Deus e do sofrimento humano.

Adeptos: 151,6 milhões.

▶ Siquismo: Religião monoteísta criada no século 15, na Índia. Surge como uma dissidência do Hinduísmo.

Adeptos: 25,4 milhões.

▶ Sem religião: existem cerca de 768,6 milhões de pessoas.

Obs.: Os números de adeptos das diferentes religiões, com dados de 2005, foram extraídos do *Almanaque Abril/2009*, SP: Abril Cultural, 35ª Ed.

Como assinalei anteriormente nestes meus comentários, de tempos em tempos aportam no planeta espíritos missionários, com a tarefa específica de erigir colunas mestras da religação do homem a Deus. Todos, sem exceção, esclarecem que o comportamento humano – bom ou mau – terá sempre como resultante aproximação ou afastamento da felicidade. Invariavelmente, esses tarefeiros do bem, prepostos de Jesus – tanto os que vieram antes quanto depois Dele – empunharam a bandeira do amor a Deus e ao próximo como principal via de acesso ao Reino celestial.

Jesus, falando a um povo seguidor da religião dogmática, não poderia dizer a esse povo coisas que não fariam sentido no tempo em que vivia, a recuada época em que o Império Romano era o "dono do mundo". Exemplos? Vejamos alguns. Antes, lembremo-nos do registro sobre o Mestre dos mestres feito pelo Espírito Emmanuel, em A *Caminho da Luz*, cap. 1:

"Jesus participou da organização da Terra, desde quando o futuro planeta ainda era uma porção ígnea desprendida do Sol, para essa finalidade (criação da Terra)".

Isso posto, é de se perguntar:

– Será que Jesus, quando aqui esteve, encarnado, desconhecia a existência do continente americano, que só seria descoberto dali a 15 séculos, passando a ser lar de milhões de espíritos?

Nota: Nas Américas, hoje, estão cerca de 840 milhões de espíritos encarnados. Há uma estimativa "demográfica espiritual" dando conta de que no plano espiritual hospedam-se da ordem de quatro a cinco espíritos para cada encarnado. Por esses dados, atualmente temos, só nas Américas (espíritos encarnados somados aos que se encontram na psicosfera desse "Novo Mundo"), um total de quase 4 bilhões de criaturas humanas.

– A imprensa, a eletricidade, a aeronáutica, a eletrônica, a energia atômica, a informática, a biogenética e tantos outros avanços científicos: eram desconhecidos de Jesus?

De forma alguma! Todas essas questões, necessariamente, eram do conhecimento do Cristo.

Como anunciá-las, porém, àquela época e àquele povo? Como? E quanto ao Espiritismo?

Com a previsibilidade própria de quem, do alto, descortina a paisagem à sua frente (o futuro), Jesus noticiou sim sobre o Espiritismo, por ele pedagogicamente denominado e avalizado como o futuro "consolador", segundo João registrou (14: 15-17 e 26).

No tempo (século 19) e lugar (França) adequados, surge Allan Kardec, pseudônimo adotado por Hippolyte Léon Denizard Rivail, eminente pedagogo que não desejava fazer prevalecer a força de seu nome sobre o conteúdo da obra que lançava a público, fruto de sua meticulosa codificação das informações provenientes dos espíritos: cinco livros, sendo o primeiro *O Livro dos Espíritos*, pedra fundamental da Doutrina dos Espíritos, seguido das outras quatro obras.

O Espiritismo demonstra o amor de Deus por meio da lógica irretorquível da reencarnação e da Lei divina de Ação e Reação: sofrimentos, hoje, são frutos amargos da equivocada plantação de ontem. Assim o sofredor compreende a razão do sofrer. E mais: sabendo-se em temporário resgate, consola-se e parte para reconstrução moral. Eis o aspecto consolador da Doutrina dos Espíritos!

Com Kardec cumpriu-se a previsão-promessa do Cristo! "O Consolador" aportou no plano terreno. Com efeito, em *O Evangelho Segundo o Espiritismo*, no sexto capítulo, "O Cristo Consolador", item 4, encontramos: "O Espiritismo vem, no tempo previsto, realizar a promessa do Cristo, e o Espírito de Verdade preside ao seu estabelecimento".

Em *O Que É o Espiritismo* (no Preâmbulo), Allan Kardec definiu o Espiritismo e comentou:

"O Espiritismo é uma ciência que trata da natureza, origem e destino dos Espíritos, bem como de suas relações com o mundo corporal.

(...) o Espiritismo é, ao mesmo tempo, ciência de observação e doutrina filosófica. Como ciência prática, tem a sua essência nas relações que se podem estabelecer com os Espíritos; como filosofia, compreende todas as consequências morais decorrentes dessas relações".

Na *Revista Espírita* de Dezembro/1868, num longo discurso de abertura, sobre o tema "O Espiritismo é uma religião?", Allan Kardec explanou sua opinião, da qual pinçamos pequenas notas:

"(...) o Espiritismo não pode ser considerado 'religião', por não ter culto, casta sacerdotal, cerimônias e privilégios; todavia há nele o sentido nitidamente religioso quando estabelece um laço moral entre os homens, quando os une, como consequência da comunidade de vistas e de sentimentos, a fraternidade e a solidariedade, a indulgência e a benevolência mútuas".

Em *Obras Póstumas* (no capítulo "Ligeira Resposta aos Detratores do Espiritismo"), anotou:

"(...) o Espiritismo é uma doutrina filosófica de efeitos religiosos (...) vai às bases de todas as religiões: Deus, a alma e a vida futura. Mas não é uma religião constituída, visto que não tem culto, nem rito, nem templos e que, entre seus adeptos, nenhum tomou, nem recebeu o título de sacerdote ou de sumo-sacerdote".

Apenas por essas premissas já se vê como o Espiritismo não pode ser confundido com quaisquer outras correntes religiosas, conquanto todas as religiões (Judaísmo, Catolicismo, Confucionismo, Protestantismo, Teosofismo, Esoterismo, Budismo, Brahamanismo etc.) sejam espiritualistas, isto é, aceitam a imortalidade do espírito e a existência de Deus. Também não pode ser confundido nem mesmo com outras que:

✔ aceitam a reencarnação;

✔ em suas práticas, marcadas pelo sincretismo, exercitam o mediunismo.

Tão logo o Brasil foi descoberto iniciou-se sua colonização. Nesse caso, "colonizar" significou a vinda de portugueses, mandatários. E como quem manda precisa de quem obedeça, Portugal nem sequer pensou duas vezes: por três séculos providenciou a criminosa importação de "obedientes" criaturas, buscadas à força, na África. Está em *Estatística Históricas do Brasil*. IBGE: vieram para o Brasil 4.009.400 escravos, entre 1531 a 1855. Estarrecedor!

Diante do poder da Igreja Católica, representantes das suas várias ordens religiosas vieram de Portugal, com a missão "oficial" de dar assistência religiosa aos colonizadores, além de catequizar e "salvar" os índios. Aventureiros europeus, por vezes também em caráter oficial, para aqui também vieram, com interesses...

Não é difícil depreender que, no Brasil-criança, passaram a conviver criaturas de costumes e sentimentos religiosos diferentes. E não só diferentes: conflitantes. O caldeamento de raças foi inevitável.

Assim, durante séculos da nossa história, conviveram aqui no Brasil:

✔ colonizadores europeus (não apenas portugueses, mas também franceses, holandeses, espanhóis);

✔ padres (de várias ordens religiosas);

✔ indígenas (de várias tribos);

✔ escravos africanos (de várias partes do grande continente).

Detentores do poder, os europeus impuseram sua religião (o Catolicismo) e isso explica porque o Brasil ainda hoje é majoritariamente um país católico.

Lendo sobre o Censo 2002 na Internet, no item "Religiões", deparei-me com a informação de que nos censos do Brasil-Colônia, todos os escravos africanos eram tidos como "católicos".

Os escravos (bantos, sudaneses, nagôs e iorubanos) que mais tempo conviveram com seus senhores, à força assistiam e participavam dos cultos católicos, imposição gerando obediência...

Mas tal obediência era por obrigação, não professavam aquela crença por devoção, pois, na intimidade da senzala, às ocultas, é que extravasavam sua fé... E, ali, o mediunismo, entre eles, era um antigo e singelo exercício espiritual aprendido e praticado desde outros tempos, na terra-mãe, agora lhes aliviando a cruel realidade – a escravidão.

Por acomodação parcial, a pouco e pouco os rituais, sacramentos, paramentos, imagens, altares etc. do Catolicismo foram agregados ao seu culto, porém sob roupagem própria, adequada, isto é, africana.

Essa, a origem do chamado Brasil-Candomblé.

Com a abolição da escravatura e com a liberdade constitucional de credo religioso, parte das pessoas que se identificavam com o Candomblé, no início do século 20, sem deixar parte dos seus fundamentos, a ele incorporou novas práticas. Muitas dessas pessoas, tomando conhecimento da obra de Allan Kardec, passaram a frequentar centros espíritas, então emergentes no Brasil. Logo, porém, houve dentre esses quem se desligasse, indo fundar uma religião, genuinamente brasileira: a Umbanda. E em 1941, no Rio de Janeiro, realizou-se o Primeiro Congresso Umbandista, visando a estruturar uma prática religiosa já de 30 anos. Ali foram delimitados os elementos de cujo sincretismo surgiu a Umbanda nas suas diversas apresentações, sendo o imediatismo (a possibilidade do crente resolver seus problemas em curto prazo) uma delas.

O desligamento que citei talvez tenha resultado da dificuldade ou desinteresse em seguir as recomendações espíritas de estudo permanente; mudança de comportamento (melhoria moral); ausência de quaisquer rituais, adereços, hierarquia, promessas etc. Mas, principalmente, porque o Espiritismo não se aplica a resolver problemas materiais, senão sim, educar, esclarecer e fortalecer ao espírito, para que ele se renove e, apoiado na fé em Deus, cujo amparo é permanente, encontre, ele próprio, a almejada solução.

Fiel a Kardec, a Federação Espírita Brasileira, em reunião do Conselho Federativo Nacional de 02/05/1953 (*Espiritismo Prático*, Pedro F. Barbosa, RJ: FEB, 1995, 4ª Ed.), recomenda aos centros espíritas, para a prática espírita e em suas reuniões, a total ausência de:

✔ paramentos ou quaisquer vestes especiais;

✔ vinho ou qualquer bebida alcoólica;

✔ incenso, mirra, fumo ou substâncias outras que produzam fumaça;

✔ altares, imagens, andores, velas e quaisquer objetos materiais como auxiliares de atração do público;

✔ hinos ou cantos em línguas mortas ou exóticas, só os admitindo na língua do país, exclusivamente em reuniões festivas realizadas pela infância e pela juventude e em sessões ditas de efeitos físicos;

✔ danças, procissões e atos análogos;

✔ atender a interesses materiais terra-a-terra, rasteiros ou mundanos;

✔ pagamento por toda e qualquer graça conseguida para o próximo;

✔ talismãs, amuletos, orações miraculosas, bentinhos, escapulários ou quaisquer objetos e coisas semelhantes;

✔ administração de sacramentos, concessão de indulgências, distribuição de títulos nobiliárquicos;

✔ confeccionar horóscopos, exercer a cartomancia, a quiromancia, a astromancia e outras "mancias";

✔ rituais e encenações extravagantes de modo a impressionar o público;

✔ termos exóticos ou excêntricos para a designação de seres e coisas;

✔ fazer promessas e despachos, riscar cruzes e pontos, praticar, enfim, a longa série de atos materiais oriundos das velhas e primitivas concepções religiosas.

A partir dessas recomendações, que nos reportam a práticas contrárias à Doutrina Espírita, entendemos quanto o Candomblé e a Umbanda, embora espiritualistas e praticantes do mediunismo, diferem substancialmente do Espiritismo.

E mais: no Candomblé há sacrifício de animais. Na Umbanda, não: ela contempla os banhos de ervas e orações. Por tudo isso bem se vê que, embora espiritualistas, Candomblé e Umbanda não podem ser considerados espíritas. E isso sem nenhum demérito, pois o Espiritismo – Doutrina dos Espíritos – enaltece o livre-arbítrio, respeita e considera a autonomia de todas as religiões, jamais se julgando superior a qualquer delas.

Estabelecidas as bases fundamentais que diferenciam o Espiritismo das sempre respeitáveis religiões do Candomblé e da Umbanda (como assinalei), passarei de agora em diante a caracterizar a Doutrina dos Espíritos. Antes, porém, permitam-me os leitores, se faz necessária uma pequena exposição sobre outras duas correntes "quase" religiosas do pensamento humano, as quais, de alguma forma, se aproximam do Espiritismo. Refiro-me à Metapsíquica e à Parapsicologia. Os leitores certamente hão de compreender que o espaço me induz à síntese, motivo pelo qual, em linhas gerais, referentes a ambas, apenas registro que:

▶ Metapsíquica

✔ fundada por Charles Robert Richet (1850-1935), notável cientista francês, ganhador do Prêmio Nobel de Medicina de 1913 (Fisiologia). Visava à pesquisa e análise científica dos fenômenos mecânicos ou psicológicos de todos os tempos, ditos paranormais (mediunidade), relacionados a forças que parecem ser inteligentes ou a poderes desconhecidos latentes na inteligência humana;

✔ assim, Metapsíquica não é Espiritismo – é ciência puramente investigativa;

✔ o termo Metapsíquica não foi bem aceito pelos pesquisadores; hoje, quase não é mais usado.

▶ Parapsicologia

✔ impulsionada por Joseph Banks Rhine (1895-1980), teólogo e cientista norte-americano, que a atrelou ao campo das ciências e particularmente à Psicologia;

✔ dedicou-se Rhine, em particular, ao estudo do transe anímico na telepatia e na clarividência; pesquisou a "ESP" (*extra-sensory perception*), isto é, percepção extrassensorial, termo que criou em 1935 e que é mundialmente empregado nos tratados sobre Parapsicologia;

✔ o termo Parapsicologia é mais usado nos países anglo-saxônicos e germânicos;

✔ talvez seja possível dizer que a Parapsicologia procede como a Metapsíquica, sendo-lhe herdeira em vários aspectos.

▶ Considerações gerais sobre a Metapsíquica e a Parapsicologia

✔ tanto uma como outra seguiram os mesmos passos de todas as demais ciências, isto é, buscaram, por meio do método experimental, definir leis de acontecimentos que observaram na natureza;

✔ deixaram de ser exponenciais porque o cientista só aceita um fenômeno como verdadeiro se puder explicá-lo e reproduzi-lo, desde que ofertadas as mesmas condições ambientais em que o fenômeno se deu – não conseguiram...

✔ surgiu-lhes intransponível barreira pelo fato de que a origem da maioria dos fenômenos analisados caracterizam-se mediúnicos, isto é, têm origem no plano espiritual (ação de espíritos desencarnados), com manifestação no plano material pela intermediação de espíritos encarnados, os médiuns. Ora, ação espiritual é algo que a ciência não consegue manipular numa proveta...

*

A mim, espírita, causa pena verificar que tais pesquisadores (poucos, hoje em dia) não se deram ou não se dão conta de que, na verdade, apenas se apropriaram de termos científicos para substituir a nomenclatura tão bem delineada, pioneiramente, por Allan Kardec. E mais: somente encontrarão o que procuram quando, com bom senso, se convencerem da impotência humana para explicar *in vitro* aquelas ocorrências que se originam *in spiritus*. Aí, sem abandonar seus cuidados, irão ao humilde centro espírita, onde poderão verificar que ali há outra espécie de laboratório, ofertando novos aprendizados, àqueles que têm olhos para ver e ouvidos para ouvir.

Passo agora a falar plenamente do Espiritismo, cujos códigos de moral, de ciência e de filosofia foram tão bem estruturados por Allan Kardec, em cinco obras: *O Livro dos Espíritos*, 1857; *O Livro dos Médiuns*, 1861; *O Evangelho Segundo o Espiritismo*, 1864; *O Céu e o Inferno*, 1865 e *A Gênese*, 1868.

Nós, espíritas, certamente devemos gratidão ao fenomenal trabalho kardequiano de estabelecer contato com médiuns de vários países, para receber as lições do plano espiritual, as quais eram meticulosamente filtradas e selecionadas, gerando a codificação. Por isso é que se diz que Kardec codificou o Espiritismo. Tais mensagens foram tijolos, com os quais o "grande edifício" Espiritismo foi erguido, qual farol, para permanentemente clarear caminhos.

Kardec era pedagogo por excelência, comprovando-se que o acaso não existe, tão importante empresa teria mesmo que aportar no plano material via uma inteligência invulgar, fluindo de inspiração celestial. E só com cinco livros! (Hoje, a Literatura Espírita aproxima-se dos dez mil títulos: cerca de 412 por meio de Chico Xavier e 202 por intermédio de Divaldo Pereira Franco).

Para melhor entendermos o conteúdo moral (revelações e ensinos) da Doutrina dos Espíritos (o Espiritismo), nada melhor do que alinhavar suas premissas e abrangência.

Em primeiro lugar, não como definição, mas apenas conceituando-o, podemos dizer que:

"O Espiritismo é o conjunto de princípios e leis, revelados pelos Espíritos Superiores, contidos nas obras de Allan Kardec, constituindo tais obras o que se denomina Codificação Espírita".

Uma vez conceituado, genericamente, vejamos suas particularidades morais:

▶ Revelação

✔ revela o que somos, de onde viemos, para onde vamos, qual o objetivo da nossa existência e qual a justificada razão da dor e do sofrimento.

✔ oferta à análise e reflexão, expondo consequências, conceitos novos e mais aprofundados a respeito de Deus, do universo, dos homens, dos espíritos e das leis que regem a vida.

▶ Ensinamentos

✔ Deus (em primeiríssimo lugar das considerações): é a inteligência suprema, causa primeira de todas as coisas.

É eterno, imutável, imaterial, único, onipotente, soberanamente justo e bom;

✔ o universo: é criação de Deus. Abrange todos os seres racionais e irracionais, animados e inanimados, materiais e imateriais;

✔ leis divinas: todas as leis da natureza são leis divinas, pois Deus é o seu autor. Abrangem tanto as leis físicas como as leis morais; são inalteráveis, perfeitas, imutáveis no universo todo;

✔ os mundos: além do mundo corporal, habitação dos espíritos encarnados, que são os homens, existe o mundo espiritual, habitação dos espíritos desencarnados;

✔ Jesus: é o guia e modelo para toda a humanidade – a Doutrina que ensinou e exemplificou é a expressão mais pura da Lei de Deus;

✔ a moral do Cristo, contida no *Evangelho*, é o roteiro para a evolução segura de todos os homens; sua prática, a solução para todos os problemas humanos e objetivo a ser atingido pela humanidade;

✔ evolução: no universo há outros mundos habitados, com seres de diferentes graus de evolução — iguais, mais evoluídos e menos evoluídos que os homens;

✔ os espíritos: são os seres inteligentes da criação. Constituem o mundo dos espíritos, que preexiste e sobrevive a tudo; são criados simples e ignorantes, como já citei (questão nº 115 de *O Livro dos Espíritos*). Evoluem intelectual e moralmente, passando de uma ordem inferior para outra mais elevada, até a perfeição, estado em que gozam de inalterável felicidade; preservam sua individualidade, antes, durante e depois de cada encarnação; reencarnam tantas vezes quantas forem necessárias ao seu próprio aprimoramento; evoluem sempre: em suas múltiplas existências corpóreas (reencarnações) podem estacionar, mas nunca regridem; a rapidez do seu progresso intelectual e moral depende dos esforços que fizerem para chegar à perfeição; os bons espíritos nos atraem para o bem, sustentam-nos nas provas da vida e nos ajudam a suportá-las com coragem e resignação; os imperfeitos nos induzem ao erro;

✔ o perispírito: é o corpo semimaterial que reveste o espírito e une-o ao corpo material;

✔ o homem: é um espírito (revestido de perispírito) encarnado em um corpo material; tem o livre-arbítrio para agir, mas está sujeito às consequências de suas ações; a vida lhe reserva penas e gozos compatíveis com o procedimento de respeito ou não à Lei de Deus (Lei de Justiça, nesse caso caracterizando Causa e Efeito, Ação e Reação);

✔ a prece: é um ato de adoração a Deus. Torna melhor o homem. Está na lei natural e é o resultado de um sentimento inato no homem, assim como é inata a ideia da existência do Criador. Ao pedido feito com sinceridade, Deus envia sempre a assistência dos bons espíritos;

✔ mediunidade: o intercâmbio dos espíritos com os homens sempre existiu.

*

Apenas por essas revelações e ensinamentos já se deduz que o Espiritismo abre uma nova era para a regeneração. Primeiro, de uma minoria, mas, a seguir, da humanidade inteira.

Há muito mais. O estudo das obras de Allan Kardec é fundamental para o correto conhecimento e prática da Doutrina Espírita, dentro do princípio cristão de que Deus deve ser adorado em espírito e verdade.

O Espiritismo não impõe os seus princípios. Convida os interessados em conhecê-lo a submeterem os seus ensinos ao crivo da razão, antes de aceitá-los. Entendendo o porquê de tudo que o cerca, em todas as suas atividades, o indivíduo se capacita a administrar com bom senso, compreensão e resignação as naturais dificuldades que se apresentam – provações ou expiações que o visitam na presente existência terrena.

O Espiritismo, o Brasil e o futuro

Tudo e todos evoluem, têm que evoluir. Isso é decisão divina!

Do infinito perímetro universal, trazendo os círculos internos concêntricos para a nossa grande moradia (a Via Láctea), figuramos que nela, a nossa cidade é o Sistema Solar; nosso bairro, a Terra; nosso quarteirão, a América do Sul; nossa rua o Brasil; e a nossa residência, a casa onde de fato moramos, agora.

No contexto evolutivo, vislumbrando a paisagem terrena a partir da janela moral ofertada pelo Espiritismo, temos que o mundo, necessariamente, está melhor hoje do que ontem e a cada novo dia será melhor.

Progridem nações e povos, civilizações e costumes.

Porém, em diagnóstico apressado, à vista da devastadora onda de violência que assola a humanidade, multiplicadas vozes alardeiam que o mundo "não tem mais conserto" e que seu fim está próximo.

Para equacionar a violência, seu princípio e fim, desdobrando-a pelas inúmeras faces da maldade com que se apresenta, consequência da ausência temporal do *Evangelho*, vou lançar mão da matemática, formulando uma *fração contínua*:

$$\frac{\textbf{Crueldades}}{\textbf{Dor}}$$

$$\frac{\textbf{Dor}}{\textbf{Provas e expiações}}$$

$$\frac{\textbf{Provas e expiações}}{\textbf{Resgates = quitação}}$$

$$\frac{\textbf{Resgates = expiação}}{\textbf{Regeneração}}$$

O Brasil não está imune a esse vórtice mundial da violência.

Aliás, ainda não há quadrante ou canto da Terra onde o homem tenha se fixado e que ali a paz tenha sempre imperado.

Nunca foi tão explícita a assertiva de Allan Kardec quando, em magistral pedagogia do comportamento espiritual, coletivo e individual, classificou a Terra como "mundo de provas e expiações".

O entendimento e a aceitação de que a justiça divina é de inalcançável sabedoria e bondade traz à superfície de todos os acontecimentos, por mais chocantes que se mostrem, *que de todo mal Deus extrai o bem*: se há criminosos, há vítimas e como "o Pai não põe cruz em ombro errado", temos que os primeiros se endividam e os segundos quitam; aqueles não passaram nas provações que se lhes foram antepostas, e estes trilharam as dolorosas vias das expiações.

Nesse fluxo e refluxo, a vida segue, aqui e além...

Inexoravelmente, tudo e todos seguem evoluindo...

Entrando em cena planetária a Terceira Revelação, o Espiritismo, foram decodificados os ensinos de Jesus, muitos deles até então equivocadamente travestidos de dogmas e abjurações. Viu a humanidade, no palco da vida, ao abrirem-se as cortinas do mundo espiritual, a Lei Moral de Ação e Reação, representando a justiça divina; delineando em texto sublime, recheado de razão e lógica, os meandros da reencarnação.

Felizes são os assistentes (voluntários) desse espetáculo que o Espiritismo expõe desde 18 de Abril de 1857, com o lançamento de *O Livro dos Espíritos* – obra que é seu pilar-mestre. Referido espetáculo, filosófico, oferta entrada gratuita para todos aqueles que fizerem uso da fé raciocinada, com o que verão esclarecida a dúvida humana do "de onde vim?", "a que estou?", "para onde irei?".

Doutrina dos Espíritos: sementes generosas lançadas de início na França, logo frutificaram e bons ventos as espalharam pelo mundo afora. No Brasil, justamente, foi onde mais frondosa se tornou a benfazeja árvore espírita; hoje, é o país que mais frutos espíritas oferta a todos os peregrinos que à sua sombra queiram repousar e saciar-se, em meio às agruras do caminho, agruras essas interpostas por eles próprios...

Sobre essa sublime árvore, eis uma breve avaliação: seu tronco – a própria codificação; seus galhos – as federações espíritas, os institutos de estudos, as editoras espíritas (cerca de 100), os clubes do livro espírita (cerca de 200), as feiras do livro espírita (cerca de 300), os centros espíritas (milhares deles), os vários *sites* espíritas, na Internet; os ramos – os médiuns (dos mais frondosos: Chico Xavier, Divaldo Franco, Yvonne do Amaral Pereira); os frutos – alguns deles, os abençoados livros espíritas (só do Chico, mais de 400!).

O homem foi criado com destinação à felicidade. Não há duvidar.

E felicidade, na Terra, tem e terá sempre aquele que *amar ao próximo como a si mesmo*, seguindo orientação gravada por Deus na consciência de todos os seres (Lei Moral do Amor), orientação essa, magistralmente relembrada e exemplificada por Jesus.

Temos visto, amiúde, já a partir de lugarejos brasileiros distanciados do conforto da civilização, criaturas-heróis no campo das poucas letras, que, tão logo aprendem o "abc", têm como ideal ensiná-lo aos conterrâneos, idosos muitos deles, mergulhados no analfabetismo.

Da mesma forma, equipado com os ensinos dos espíritos protetores, cada espírita pode e deve transformar-se em modesta lanterna, a iluminar trevas – as próprias, de início; logo, as do próximo que o queira. Tal atitude, aliás, nada mais é do que seguir a recomendação de Jesus aos Apóstolos, assim registrada pelo Evangelista Mateus (Mt., 10: 7): "E pondo-vos a caminho, pregai dizendo que está próximo o reino dos Céus".

Uns e outros, apóstolos atuais, anônimos; aqueles da educação, estes da Terceira Revelação, estarão movendo-se impulsionados pelo combustível espiritual da fraternidade, inerente ao ser humano, em seu âmago, desde sua criação, mas às vezes de difícil prospecção, tal qual seu similar terreno, o petróleo.

Estamos nos primeiros passos do terceiro milênio, enfrentando mar revolto, de ondas apocalípticas: guerras entre nações, fanatismo religioso, ganância desvairada de países desenvolvidos, infelicidades sem fim de países pobres (Aids, miséria, fome), o *tsunami* (onda gigante) de há pouco, as enchentes, a "febre aftosa", a "gripe aviária", a "gripe suína"...). Embora o Espiritismo faça ralas referências ao Apocalipse, posto que ao ser codificado por Allan Kardec já haviam se passado 18 séculos e muitas das profecias já haviam ocorrido, permito-me duas ligeiras lembranças da revelação passada a João, o vidente exilado na Ilha de Patmos:

✔ a primeira, aquela que se refere aos dois mil anos... (mil, a prisão de Satanás – Ap., 20: 2, e mais mil, os que passaram a viver com o Cristo – Ap., 20: 4; assim, dois mil anos estão terminando...);

✔ a segunda, aquela que diz dos "três ais" (Ap., 8: 13), sendo que ao fim do terceiro "ai", seria destruída a terça parte da humanidade, "nela não mais restando maldição, senão os tronos de Deus e do Cordeiro, aos quais seus servos serviriam..."

*

Em singela, mas respeitosa analogia aos três "ais", formulei abaixo três "ãos", cuja ação nefasta na Terra, ora aproximando-se a passos largos da saturação, estão levando-a à necessária interferência sublime da lei de evolução, para regenerá-la:

✔ destruiç**ão**, pelas guerras internas e externas;

✔ corrupç**ão**, pela ganância desenfreada da maioria, no poder;

✔ perver**são**, pela disseminação planetária da toxicomania.

Vale recordar: a evolução contínua, Lei Divina, é para tudo e para todos...

Aumentando o número de espíritas, a cada dia vão surgindo novos centros espíritas, num sublime efeito multiplicador, isso no mundo todo. Aqui, nesse panorama, o Brasil, em particular, pode ser considerado a grande universidade do futuro neste planeta, ofertando matrículas em classes para todos os níveis do aprendizado espiritual.

Ora, como o conhecimento integral só é alcançável pelo estudo, aliando-se teoria e prática, fixo-me nas palavras do Mestre Jesus, "sublime reitor" daquela universidade, quando lecionou que: "conhecendo a Verdade, tem-se a liberdade".

A Terra é uma embarcação-escola a navegar há muito tempo no *Mar da Evolução*.

No seu tombadilho, o Espiritismo, está o Brasil-Moral, obediente ao Mestre, convidando e acolhendo quantos queiram ser navegantes. Com Jesus no comando e timão desse grande barco que é o mundo, nos seus dois compartimentos: o material e o espiritual, conjeturo, com grande possibilidade de acerto, que o Brasil-Físico, iluminado pelo Espiritismo, será o porto seguro onde, cedo ou tarde atracará a embarcação *Humanidade*, trazendo imigrantes de boa vontade, para em seguida rumar para um destino mais feliz, o da *regeneração*.

Não há o acaso (questão nº 8 de *O Livro dos Espíritos*).

Assim, permito-me agora formular uma nova equação para o futuro:

$$\frac{\textbf{Espiritismo no Brasil}}{\textbf{Progresso moral terreno}}$$

– Melhor destinação poderá haver para uma nação e para um povo?!

Reforma íntima

▶ O que é a "reforma íntima"?

– A reforma íntima pode ser definida como o esforço constante que o espírito realiza para evoluir moralmente. No plano terreno, onde certamente o mal predomina sobre o bem, esse esforço compreende uma inexorável determinação, posto que todos os seres têm destinação divina à felicidade, só alcançável com a ausência total de imperfeições.

Allan Kardec definiu bem esse esforço, em várias oportunidades. Vejamos duas, sendo que a primeira pode ser considerada como a "lei áurea" da reforma íntima:

"Reconhece-se o verdadeiro espírita por sua transformação moral e pelos esforços que faz para dominar suas más tendências". (*O Evangelho Segundo o Espiritismo*, cap. 17, nº 4, SP: Petit Editora, 1997)

"Esforçar-se por ser bom, por se tornar melhor se já é bom, por purificar-se de suas imperfeições, por, numa palavra, elevar-se moralmente o mais possível". (*Obras Póstumas*, Primeira Parte, item 7, nº 58, RJ: FEB, 1999)

*

▶ Por que e para que fazer essa transformação?

– Deus contemplou o espírito que ingressa no reino da razão com três ferramentas que o acompanharão para a eternidade: a inteligência (contínua), a consciência e o livre-arbítrio. De início "simples e ignorante", o espírito terá à sua disposição todos os meios para evoluir. Ao que parece, a maioria logo se deixa contaminar pelas enganosas atrações do menor esforço e dos prazeres imediatos. Quando os descaminhos se acumulam, na interminável fieira de reencarnações, diz-nos Emmanuel[1] "que nossos milenares caminhos se tornam empedrados. Aí, só os processos educativos da vida poderão dar um jeito".

Vale lembrar que em termos pedagógicos, a dor é sempre a melhor mestra...

Como a consciência não se cala, o espírito só encontrará a paz quando aplainar todas as arestas acumuladas. Decorre disso que a autotransformação redunda em alijamento de angústias ou dor, ao tempo em que a paz interior irá se firmando.

▶ Quando e onde começar a fazê-la?

– A reforma íntima pode despertar voluntariamente ou sob o guante da dor. Em ambos os casos, o espírito não aceita mais continuar fazendo as mesmas coisas. Reconhece que deve

1. Espírito Emmanuel, em *Fonte Viva*, psicografia de F. C. Xavier, cap. 30, 28ª ed., 2002, FEB, RJ.

ou precisa mudar de atitudes. Então, a inteligência, de forma consciente, faz a vontade entrar em ação, com mudança comportamental nos seguintes ambientes:

✔ de início, preponderantemente no lar, junto à família;

✔ na profissão, perante chefes, colegas, subordinados;

✔ enfim, no seu meio social – com vizinhos, amigos, conhecidos.

▶ Passa-se por etapas para se fazer a reforma íntima?

– Ditado milenar chinês lembra que "A caminhada de cem milhas inicia com um passo". Acima, já ouvimos Emmanuel nos dizer (e tenho como verdadeiro) que na longa fieira das nossas reencarnações sedimentamos milenares desvios de conduta. Isso posto, uma forma de realizar a autorreforma, dentre inúmeras possíveis, poderá ser, por exemplo:

✔ Identificar o que é e o que não é desvio.

✔ Reconhecer que os pratica.

✔ Identificar situações em que isso ocorre.

✔ Eleger uma virtude, de cada vez, para ser dinamizada, em contrafação ao desvio que maior número de vezes estamos acostumados a trilhar.

✔ Trabalhar essa "eleição" e só realizar outra quando a anterior prosperar.

– Como?

Implantando um programa mental, preestabelecido, para uso e ação instantâneos, tendo por base:

✔ Pensar antes de agir ou falar.

✔ Perguntar: como Jesus agiria? E agir da maneira mais próxima à resposta...

✔ Esforço na realização desse programa.

▶ A única forma de se iniciar um trabalho de transformação íntima e espiritual seria entrando em uma "Escola de Aprendizes do *Evangelho*"? Por quê?

– A reforma íntima não tem hora marcada para se instalar no espírito e não depende de "manual", "curso" ou "escola" para acontecer. Obviamente, em todas as religiões estão registradas premissas indicativas de como o adepto poderá alcançar a felicidade; nenhuma delas, contudo, dispensa esforço individual. Cedo ou tarde, mesmo fora das religiões, todos os espíritos ficam propensos a corrigir procedimentos, mudar tendências e, assim, alcançar um viver feliz.

Nós, espíritas, não contemplaremos nossas sardinhas, mas, na verdade, reconhecemos que a Doutrina dos Espíritos tende a proporcionar segura orientação para um programa de reforma íntima, com base nas lições do Mestre Jesus.

O Espiritismo, a meu ver, é a única religião que descerra a cortina da nossa existência (passado, presente e futuro): com lógica, sobretudo com base na Lei Divina de Justiça (ação e reação), dá-nos parâmetros para entendimento do nosso hoje, como resultante do nosso ontem, ao mesmo tempo em que projeta o amanhã, como decorrência exatamente deste hoje.

▶ O preceito cristão é que "amemos a Deus sobre todas as coisas e ao próximo como a nós mesmos". Isso pressupõe que devamos primeiro nos amar para, em consequência, poder amar nosso próximo?

– Jesus recomendou-nos amar a Deus e ao próximo (Lucas, 10: 27).

Raciocinemos: nossa integridade tem nuanças que obedecem ao instinto de conservação, na parte física, mas o amor-próprio nem sempre é um bom conselheiro, eis que, via de regra, contempla o egoísmo.

Ademais, podemos inferir que toda vez que, sem expectativa de retribuição, estivermos amando a Deus ou ao próximo, estaremos sim nos amando, já que isso nos colocará na condição de co-partícipes da obra divina, integralmente voltada para a doação de amor.

▶ Como sabermos se estamos seguindo o caminho certo da reforma íntima?

– Ouvindo a consciência!

"A consciência[2] é um registro da direção divina, impelindo-nos a regular os batimentos do coração pelo ritmo da verdadeira fraternidade".

2. Diversos Autores Espirituais, em *Seareiros de Volta*, psicografia de W. Vieira, cap. "Equação da Felicidade", 5ª ed., 1993, FEB, RJ.

Vencendo nossos medos

"Classificamos o medo como dos piores inimigos da criatura, por alojar-se a cidadela da alma, atacando as forças mais profundas".[3]

Medo

Segundo a *Grande Enciclopédia Larousse Cultural*, por definição, medo é o sentimento de inquietação, de apreensão em face de um perigo real ou imaginário.

A palavra medo relaciona-se também com receio, temor, horror, pavor, pânico.

A propósito, vejamos como se expressou sobre o medo Thomas Hobbes (1588-1679), filósofo inglês, muito discutido, há algum tempo, nos meios da Psicanálise:

3. Instrução do Governador, em *Nosso Lar*, André Luiz/Francisco Cândido Xavier, cap. 42, 48ª ed., 1998, FEB, RJ.

"(...) o medo é um sentimento que nos inspira a possibilidade real de sermos afetados por um mal real, por um mal que conhecemos pela experiência".

Nós, espíritas, bem sabemos que além dos "males reais", visíveis, tangíveis, existem os também reais, invisíveis, intangíveis, do que nos dá conta a obsessão...

O enfoque neste capítulo é dirigido aos medos prejudiciais, vez que nem todos os medos humanos o são, como, por exemplo, aquele que induz a criatura a evitar perigos, pelo instinto de sobrevivência.

De início, se analisarmos desde quando o homem tem medo, certamente chegaríamos à Idade da Pedra Lascada, com nossos ancestrais se refugiando nos fundos das cavernas, ante os grandes perigos dos raios, dos trovões, dos furacões, dos vulcões, dos terremotos, dos maremotos, dos eclipses cósmicos etc.

Tais acontecimentos assustadores, atualmente bem explicados, eram tidos como sobrenaturais, determinados por deuses terríveis, vingativos. Holocaustos, oferendas e promessas começaram ali e, pelo jeito, ainda não aplacaram a cólera daqueles deuses...

Vou elencar algumas espécies de medo:

Medos naturais

São aqueles medos com os quais todos nós nascemos...

Fogo; Grandes ruídos; Desequilíbrios; Morte e mortos; (do) Desconhecido.

Obs.: Dizer que todos nascem com medo da morte ou dos mortos remete, aos ocidentais, à infância, quando ainda sem despertar de todo a razão, veem os familiares com grandes sofrimentos em velórios e enterros de parentes ou amigos, com isso inculcando-se, instalando-se no subconsciente infantil, que aquilo (a morte) é terrível...

"Medos amigos"

Os chamados "medos amigos" são aqueles ditados pela prudência. Por meio deles, os seres vivos mantêm sua integridade. Por exemplo:

- ✔ o vegetal: procura a luz e a água, assim, de forma indireta, evita a sombra e a seca, regime no qual feneceria;
- ✔ o animal: foge de um predador ou do combate no qual esteja em desvantagem, e não o faz por covardia, o faz para continuar vivendo;
- ✔ o homem: numa escala que vai ao infinito, posto que a inteligência abre um leque de infinitas hastes de opções, sempre evitará a ação de consequências prejudiciais, por exemplo: não ultrapassar na curva, não brincar à beira do precipício, não riscar fósforos próximo a combustíveis etc.

Afirmo, enfaticamente, que esses não são medos, são frutos da prudência, ditada pelo abençoado instinto de conservação, engendrado por Deus e que nasce com todas as criaturas.

*

"Medos inimigos"

São os que causam prejuízos ao ser humano, não por alguma ação, ao contrário, pela inação. Por exemplo:

✔ medo de mudanças: é um arqui-inimigo de toda a humanidade; num ambiente de trabalho ou de reuniões, por exemplo, existe o medo de mudar de lugar pessoas/objetos/móveis...

✔ medo de enfrentar desafios da vida, tais como assumir responsabilidades (sejam familiares, profissionais, sociais).

Medos irracionais

São aqueles sentimentos que bloqueiam o raciocínio e se edificam sob bases que contrariam o bom senso. Por exemplo:

✔ "medo de ir ao dentista" – vejam bem, que o que se diz não é "ter medo de ser submetido a um tratamento odontológico", e sim, "de ir ao dentista...".

Ora: se um pai contar para seu filho (desde criança), que antigamente eram necessárias seis pessoas para extrair um dente (cinco para segurar o paciente e uma sexta pessoa para usar o alicate-boticão), certamente esse filho, durante sua vida, será o primeiro a buscar o dentista, na salutar trilha da "visita de prevenção".

E, quando necessário tratamento odontológico, certamente optará racionalmente por não sentir dor, ou que ela seja atenuada, aceitando calmamente a famosa "picadinha" na aplicação da anestesia...

Medos reais

Situam-se entre as inquietações resultantes de traumas. Por exemplo:

✔ assalto: alguém é assaltado e passa a ter receio de voltar a ser vítima; como defesa deixa de sair de casa, até quase se enclausurar por completo. O melhor seria continuar saindo normalmente, porém com cuidado redobrado; e se voltasse a ser assaltado, com certeza já teria muito mais equilíbrio para proceder sem correr riscos;

✔ falar em público: alguém diz algo para algumas pessoas e é ridicularizado... a partir desse instante, implanta-se tal medo; se a pessoa treinar, contudo, nem que seja no banheiro, em frente ao espelho, e depois para a família, verá que aos poucos dominará essa técnica, não sendo necessário ser um brilhante orador, mas apenas alguém que fale com clareza;

✔ infecção: é bom sempre lavar as mãos, tal cuidado é excelente; só haverá problema se houver exagero...

✔ viajar de avião: desastres aéreos ocorrem, mas o avião é dezenas ou centenas de vezes mais seguro do que automóveis...

Obs.: Geralmente, esses medos se transformam em manias, daí em fobias, depois em neuroses, podendo evoluir para psicoses...

Medos imaginários

Falsos sentimentos, pois ainda não aconteceram, mas já vivem na mente, como se fossem reais. Considerando que o homem formula pensamentos, cuja fixação os converte em "realidade" mental, surge aqui – apenas entre nós, homens –, o medo imaginário, isto é, temor de algo que ainda não aconteceu. Esse é o mais prejudicial dos medos, pois o medo real, muitas vezes tem raízes no passado, a se expressar no presente. Agora: como ter medo de algo que ainda não aconteceu? Exemplos:

✔ um estudante (ou muito magro, ou de pouca estatura, ou de óculos, ou algo obeso) traz em estado latente o receio de não ser aceito e com isso evita se enturmar;

✔ um jovem que sofre, antecipadamente, a angústia de não arranjar namorada.

✔ um entregador que desde a infância não tenha sido esclarecido que os dentistas existem exatamente para tirar "a dor de dente" e não para causar dor; esse entregador terá receio até de ir entregar uma pizza no consultório do coitado do profissional, que quase não tem tempo para uma alimentação calma, de tanto que precisa trabalhar para sobreviver...

✔ medo de terroristas: o nível de medo pode atingir a fase do pavor, muito comum nas pessoas que sofrem a "síndrome do pânico".

Obs.: Síndrome do pânico: a expressão é originária de Pan, deus grego, tocador de flauta, que aterrorizava os camponeses com seus chifres e pés de equinos; os pacientes que apresentam essa síndrome sofrem intensamente, com graves sintomas, que vão da angústia a palpitações, sudoreses, tremores, falta de ar, náuseas, medo da loucura e medo extremo com sensação de morte.

Nos EUA, o trauma pós 11 de Setembro de 2001 (derrubada das "torres gêmeas", por terroristas), levou até mesmo a propaganda a colocar máscara contra gases na famosa boneca "Barbie"...

Fobias

A fobia é acompanhada de um medo exagerado e persistente (mórbido) que não tem limites em relação às causas que o produzem. O fóbico sofre terrivelmente.

O exército de medos, nesse patamar, é quase ilimitado.

Pela Psicanálise, temos que a maioria das fobias, na verdade, mascara um perigo simbólico, cujo objeto exato esconde-se nas fímbrias do subconsciente, muitas vezes como defesa subjetiva, transferindo-se a impressão de um fato real para um perigo imaginário.

Como exemplo, posso citar o caso de Hans, uma criança analisada por Freud, que mantinha "pavor" de cavalos, aos quais, paradoxalmente, admirava... Em suas pesquisas, o grande mestre austríaco percebeu que, para Hans, o cavalo (animal forte) era uma representação simbólica do pai, que vivia ameaçando-o de castração.

Vou citar algumas fobias:

*

✓ Claustrofobia: é a mais citada de todas as fobias e refere-se ao medo de lugares fechados (pela teoria junguiana, isto é, de Carl Gustav Jung, notável psiquiatra suíço, esse medo está relacionado ao nascimento – o ser precisa deixar o conforto e atravessar um túnel estreito, rumo ao desconhecido...) e também se manifesta junto a multidões;

✓ Nosofobia: o medo de adoecer, o que leva o fóbico a se julgar doente; começa pelo medo de se infectar por micróbios e, por isso, chega até a recusar a mão aos cumprimentos... essa fobia conduz rapidamente à hipocondria (busca obcecada de tratamento para doenças inexistentes);

✓ Agorafobia: medo de espaços abertos e amplos (medo de deslocar-se sem ajuda);

(meditando sobre essa fobia, bem podemos calcular a coragem de Cristóvão Colombo...);

✓ Altofobia: medo das alturas;

✓ Antropofobia: medo de enfrentar a sociedade, levando o indivíduo a trágicas solidões;

✓ Gerontofobia: medo de envelhecer... e até do convívio com pessoas idosas;

✓ Necrofobia: medo da morte e até dos mortos;

✓ Obesofobia: medo de engordar (fobia muito cultivada pelas jovens modelos de modas); quase sempre leva à anorexia (perda do apetite), que é porta aberta ao comprometimento do sistema orgânico de defesa autoimune;

✓ Talassofobia: medo das águas, rios etc.

*

Vencendo os medos

Autoanálise

Todos nós, sem exceção, temos medos, prejudiciais ou benéficos, ou seja, medos ilógicos ou medos oriundos de prudência, respectivamente.

Disso, de alguma forma, sempre resultam grandes ou pequenos desconfortos.

Assim, impõe-se que idealizemos uma "administração" dos nossos medos, para identificarmos quais nos causam mal e quais nos acalmam.

Digo "administração", pois, aos medos prejudiciais, a psicologia é ferramenta indicada para extingui-los; quanto aos medos filiados à prudência isso é totalmente impossível, já que fazem parte da natureza humana.

Assim, em primeiro lugar, nada melhor do que identificar e classificar o medo.

Uma vez identificados e classificados os nossos medos, o trabalho agora é realizar um mapeamento da origem deles.

Para começar, devemos ter como certeza de que a humanidade sempre se defrontou com o medo prejudicial, e não foram poucos os homens que se dedicaram a explicá-lo, primeiro para entendê-lo; depois, para eliminá-lo.

Já o medo benéfico, enquanto desejo de evitar o mal, é um instrumento, sem exageros, de sobrevivência de todos os seres vivos.

Até porque há uma classe de medo muito benéfica, como vimos.

Dessa forma, o medo tanto pode ser, em potencial, um amigo ou um grande inimigo.

Se o perigo pode ser real ou imaginário, o medo também o será.

Para um medo ser identificado se torna necessário compreender como ele se instalou, ou, dizendo de outra forma, como é que ele "apareceu": quando, como, por quê.

Quase sempre o medo se disfarça, lançando mão de símbolos, num processo muito parecido com os sonhos, cuja interpretação é problemática, justamente pelo simbolismo com o qual a maioria se apresenta ao sonhador.

É sob convicção que afirmo que o medo pode e deve ser trabalhado para se tornar um incomparável instrumento de equilíbrio no nosso dia a dia.

Em relação a todos os medos prejudiciais, se a pessoa não conseguir dominá-los racionalmente (autolibertação), um bom caminho a seguir será procurar um aconselhamento:

✔ Na fé: em primeiro lugar, orações a Deus e ao anjo guardião!

✔ Na família: ouvindo a experiência dos pais e familiares mais íntimos;

✔ Na ajuda espiritual: outra via será procurar um orientador espiritual; de nossa parte, sugiro visita a um centro espírita e um diálogo com alguém disposto a ouvir essa pessoa com tolerância e fraternidade, sugerindo caminhos "evangelhoterápicos".

*

Obs.: Se a pessoa fizer questão, nada objeta o auxílio de um psicanalista. Devemos considerar que a Medicina terrena e seus avanços científicos são um dos meios pelos quais têm aportadas mais benesses vindas da espiritualidade, para o bem da humanidade.

No Espiritismo

A Doutrina dos Espíritos leciona que todos temos um extenso passado existencial, de multiplicadas existências, que espelha atualmente nosso painel mental de emoções e sentimentos, painel esse que se atualiza segundo a segundo.

De posse de tão transcendental entendimento, ao espírita convicto será possível iniciar, por uma enérgica e sincera autorreforma, um intenso e permanente tratamento, visando a libertar-se de seus medos, manias, fobias, neuroses e eventuais psicoses.

Na questão nº 919 de O *Livro dos Espíritos*, o Espírito Santo Agostinho nos dá preciosa maneira de nos conhecermos, por meio do balanço diário das nossas ações e da interrogação constante à consciência, ao final de cada dia. E na introdução da mesma obra registrou, a propósito dos nossos temores:

"O Espiritismo (...) mostra a realidade das coisas e com isso neutraliza os efeitos desastrosos de um temor exagerado."

Tratando-se dessa *realidade das coisas*, aos espíritas acorre compreender muitos fatos da presente existência, conjeturando que sua origem pode estar em vidas passadas.

Obs.: Em Psicologia, segundo C.G. Jung, que já citei, esse atavismo recebe o nome de "sombra", caracterizando-se por componentes da personalidade, formado por instintos, que produzem sentimentos e ações desagradáveis.

Sabendo que o perispírito guarda indelevelmente as chamadas "matrizes psíquicas" (fatos marcantes de outras existências) não ficará difícil conjeturar que determinados medos, no presente, podem ter se originado em vidas passadas, como por exemplo num suicídio anterior ou por alguém ter sido vítima de um tipo específico morte. Sendo assim:

✔ medo de multidão: será que essa pessoa não foi condenada e quem sabe até apedrejada em público?

✔ medo de altura: não teria se suicidado, atirando-se de um penhasco, ou sido vítima, caindo?

✔ medo de água: não teria se afogado?

✔ medo de lugares fechados: não teria morrido num calabouço?

✔ medo de animais: não teria morrido sob ataque de algum deles?

Além disso, a obsessão e seus agentes ocultos fragilizam a razão do obsidiado. Daí que, vulnerável, ele se torna quase sempre cliente de novos medos... É nesse ponto que a prece sincera e a autorreforma carreiam-lhe o amparo do Mais Alto.

Obs.: Para o espírita, segundo estabeleceu Allan Kardec, em *O Evangelho Segundo o Espiritismo*, no capítulo 28, item 81,

SP: Petit Editora, 1997: "A obsessão é a ação continuada que um mau Espírito exerce sobre um indivíduo".

Conclusão

O medo edifica muros altos ao discernimento, impedindo análises, reflexões e soluções para nosso dia a dia, qual lanterna que se apaga na mente. Além disso, é um grande gerador de bloqueios, provocando a perda de novas oportunidades de aprendizado.

Infinitos medos existem e também são infinitas as maneiras de administrá-los.

Uma constante, porém, se impõe: é que o medo seja reconhecido, analisado racionalmente e aceito como parte da estrutura emocional.

Em sendo real, a prudência dará o toque de como agir.

Se imaginário, contudo, conscientizando-se disso em auto-análise ou por aconselhamento, o medroso deverá enfrentá-lo.

Logo perceberá que até o medo tem medo...

Como asseverou Santo Agostinho, qualquer medo se dissolve, diante da fé, num enfrentamento racional. Com respeito ao pensador cristão, acrescento:

"A luta entre o medo e a razão
É igual à da vespa contra o leão:
Incomoda sim, mas vence não!"

Guerras

Já sabemos que o Espiritismo tem explicações para a ocorrência das guerras, e Kardec se referiu ao assunto. No livro *Nosso Lar* também existe referência aos preparativos para aqueles que desencarnassem em função da Segunda Guerra Mundial.

▶ O que exatamente é dito sobre a guerra em *O Livro dos Espíritos*? Como devemos entender esses momentos de conflito envolvendo tamanha quantidade de pessoas?

R: Com efeito, *O Livro dos Espíritos* trata amplamente da guerra: questões nº 542 a 548; 671; 738; 742 a 744; 747 a 749 e 1009. Isso não é difícil de compreender, eis que Kardec, francês, conhecendo a história do seu país, bem sabia o quanto a França já havia, até aqueles dias, participado de guerras... e certamente participaria de outras no futuro, o que realmente aconteceu. Essas tragédias acontecem no panorama terrestre, envolvendo milhares e até milhões de pessoas, porque nós ainda somos espíritos em árduo processo de crescimento moral, trazendo no íntimo muito do instinto dominador, que se impõe sempre pela força, e é decorrente do instinto animal que ainda sobrevive em nosso subconsciente.

▶ Do ponto de vista do Espiritismo, que tipo de situação dá origem a uma guerra? Diz-se que, segundo os orientadores espirituais, Deus permite que a guerra aconteça para propiciar uma evolução mais rápida. Como isso ocorre?

R: Respondendo às perguntas de Kardec, os espíritos o esclareceram que as guerras sucedem sempre nos dois planos da vida: no espiritual e no material; antes do primeiro tiro ser disparado, espíritos desencarnados que se comprazem na discórdia e na destruição, sintonizados com homens tiranos e povos ambiciosos promovem – por ação mental obsessiva que a sintonia entre eles estabelece – mais e mais conquistas, vertendo paixões.

▶ Também queremos discutir o que, de fato, ocorre com as pessoas que desencarnam durante uma guerra, observando determinadas situações. Por exemplo, uma pessoa convocada a lutar numa guerra em que seu país e, portanto, sua própria família está sendo ameaçada, e que mata seus "inimigos" nesse conflito: qual será sua situação após o desencarne? Para onde ela vai e o que acontece com ela? Como se dará sua reencarnação?

R: O cidadão convocado pela pátria à guerra e que morre no campo de batalha não leva para o plano espiritual o estigma de assassino pelas eventuais mortes que tenha provocado, principalmente em defesa de si mesmo, além da sua nação e, de forma indireta, da própria família. Esse espírito será acolhido por equipes espirituais socorristas, que o internarão em colônias para refazimento; ali, receberá esclarecimentos da Lei Divina de Justiça: ao morrer, certamente quitou dívida que lhe pesava no passivo de existências pretéritas. Consciente da bondade de Deus, requisitará reencarnar e, provavelmente, logo será atendido.

▶ Que pessoas iriam para o umbral, no caso de uma guerra, e em quais condições?

R: As esferas espirituais umbralinas, onde há sofrimento e purgação, seriam o endereço dos combatentes que tenham feito do ensejo da guerra uma ocasião para cometer todo tipo de atrocidades, equivocadamente convencidos de que agiam por patriotismo e, por isso mesmo, sob o manto da lei e da ordem. Numa guerra, nunca será demais relembrar que só se isentará de culpa aquele que, cumprindo dispositivos institucionais da sua nacionalidade, tenha agido em legítima defesa: podendo poupar a vida do inimigo, jamais deixará de fazê-lo.

OBS: A propósito, tive oportunidade de conversar com brasileiros que participaram da Segunda Guerra (1939-1945), na Itália. Disseram-me que os brasileiros realizaram prisões de inimigos e respeitavam a integridade física deles, havendo até casos de lhes fornecer, da sua cota individual, alimento, remédio e agasalho, principalmente quando feridos.

Por incrível que possa parecer, contaram que houve caso de inimigos até pedirem para serem aprisionados por brasileiros, mas só por brasileiros, pois "os outros não perdoavam...".

▶ Existe como dizer que os governantes, que dão origem às guerras, são "mais responsáveis" diante da espiritualidade do que as pessoas que apertam o gatilho? Como a pessoa pode evitar uma guerra ou evitar matar, numa guerra?

R: O líder é sempre mais responsável do que os seus liderados que conscientemente o apóiem, assim estabelecendo formidável energético para a ação intentada. Guerra, no caso. Vários exemplos históricos registram grandes líderes arrastando multidões para conquistas, pela força. Põem a descoberto, tais líderes, serem dotados de intenso magnetismo, usado equivocadamente. Nesse caso, na contabilidade celestial, seu grau de culpa será evidentemente maior.

Uma pessoa sozinha não poderá evitar uma guerra entre nações, contudo, poderá e deverá decretar a paz na sua vida, no lar, no trabalho e junto aos demais, com isso promovendo a fraternidade pessoal, que, somada a de outros que assim procedam, redundará na paz coletiva.

No reino do pensamento

Deus cria sem cessar!

Dentre todas as sublimes criações divinas, destaca-se esta, a nossa criação, em que concedeu, a cada um de nós, figurativo reinado, no qual somos soberanos absolutos.

Nesse reinado, o rei é o espírito, e o reino é o pensamento.

Na origem, cada "rei" tem a mesma constituição, meios e características de todos os demais e incontáveis "reis" criados por Deus, aos quais oferece, invariavelmente, idênticas, intransferíveis e inexoráveis condições de progresso e alcance da felicidade, destinação essa pela qual respondem de forma integral.

Assim, em cada reino, tudo de bom ou de mau que existiu, existe ou existirá, tem o rei como único responsável, o qual, num efeito que emana do "escalão superior", também cria sem cessar, utilizando os seguintes instrumentos:

✔ A mente: age qual dínamo gerador, proporcionando força criativa;

✔ A vontade: é uma usina, cuja função é armazenar e distribuir a força gerada por aquele dínamo (a mente);

✔ O cérebro: instrumento que traduz a mente e gerencia não só a formação dos pensamentos, mas também sua ação, física ou extrafísica;

✔ Os sentimentos: são consultores e indutores na criação dos pensamentos;

✔ As emoções: resultam da expedição ou recepção dos pensamentos, próprios ou captados;

✔ As ideias: são as elaborações originais do pensamento.

Características das criações do rei

✔ utilizando a fonte inesgotável do fluido cósmico universal, o rei cria súditos até mesmo quando está dormindo... tais súditos são chamados de pensamentos, os quais estão em contato ininterrupto com o pensamento de Deus;

✔ sem forçar uma definição, talvez nos seja permitido ao menos depreender que os pensamentos podem ser considerados como subprodutos do fluido cósmico universal, que emana de Deus[4]; no mesmo instante em que nascem (por atuação sobre fluidos espirituais, segundo nos diz Allan Kardec, em *A Gênese*, no capítulo 14), os pensamentos se tornam algo palpáveis (passam a ter vida própria), podendo ser bons ou maus, dependendo da disposição do rei no momento que os criou[5];

4. *Evolução em Dois Mundos*, cap. 13.
5. *Idem*.

✔ dentro desses dois parâmetros – bem e mal – os pensamentos agem quais súditos extremamente fiéis e podem durar um segundo ou ir para a eternidade;

✔ todos os pensamentos são fotografados no nascedouro[6] e em seguida recebem uma ficha individual que é guardada num arquivo perpétuo, chamado memória;

✔ alguns desses súditos permanecem no reino, outros são remetidos a um reino com endereço declarado. A maioria deles, contudo, quase sempre é arremessada coletivamente, em todas as direções;

✔ como no mundo existem bilhões de espíritos, a emitir trilhões de pensamentos, é inexorável que pela força invencível de atração (sintonia) todos aqueles que trafegam em ondas de igual vibração se ajuntem, passando a perambular pela psicosfera;

✔ assim, ao léu, acoplados, formam torrentes vibratórias poderosíssimas, não raro se tornando autônomas... e desobedientes...;

✔ os pensamentos que permanecem no interior do reino são aqueles que gravitam apenas em torno do próprio rei; quase sempre saem de cena e dão lugar a novos colegas; se, ao contrário, permanecerem ativos e em período integral, muito além de um período razoável, transformam-se em "ideias fixas";

✔ quando as ideias fixas são de boa natureza, podem gerar boas realizações; contudo, se forem de natureza perturbada, e é isso que geralmente ocorre, geram obsessão;

6. A *Gênese,* cap 14, item 15.

✔ se um pensamento em particular passa a gravitar na mente do rei, repetindo sua elaboração, além de se tornar uma "ideia fixa" assumirá a forma de criatura viva, daí ser chamado de "forma-pensamento"[7];

✔ quanto aos pensamentos que são enviados para um determinado "reino", depois de terem se tornado "ideia fixa" e de terem assumido forma, estarão animados por grande força, quase invencível, além de possuírem a incrível capacidade de se deslocar e chegar ao destino com velocidade muito superior à da luz[8];

✔ forçoso será admiti-lo: todos os pensamentos enviados a determinado destino (outro espírito), independentemente de serem ou não "recebidos" pelo destinatário, tornam-se reverberantes, isto é, retornam como "recibos infalíveis" à fonte emissora, nela produzindo as sensações de que se equipavam[9];

✔ as formas-pensamento que se transformam em figuras vivas propagam-se e se adaptam à emoção de quem as capta. Exemplos: um católico ajoelhado diante de uma imagem de Nossa Senhora emite uma vibração, cuja onda, ao alcançar um espírita, poderá induzi-lo a mentalizar Jesus; num mulçumano, Alá; no hindu, Krishna; no oriental, Buda, e assim por diante;

✔ os pensamentos têm peso (!) no campo da mente, conforme a sua natureza, para o bem ou para o mal[10];

---

7. *Nos Domínios da Mediunidade,* cap 1.
8. *Ação e Reação,* cap 4.
9. *Idem.*
10. *Nos Domínios da Mediunidade*, cap. 5 e 19.

✓ todos os deslocamentos se dão por ondas vibratórias e têm livre trânsito, tanto no plano físico como no extrafísico; quando os pensamentos são benignos, levam bem-estar, alegria, saúde; do contrário, carreiam angústias, tristeza, doenças[11];

✓ com referência aos deslocamentos físicos ou extrafísicos dos pensamentos, sabe-se que a única barreira que pode impedir de alcançarem o destino é a falta de sintonia, por parte do destinatário cuja vibração mental seja inversa àquela que tenta visitar-lhe;

✓ havendo sintonia, o pensamento é contagioso, tanto quanto uma nota musical tocada no piano ou por meio do som de um violino ressoarão em instrumentos semelhantes, desde que tenham a mesma afinação;

✓ citada sintonia se dá pela lei das atrações, unindo vibrações similares, as quais se fixam numa, ou mais de uma, das infinitas hastes (reencarnações) que compõem o leque moral do destinatário;

✓ é dessa forma que nascem todas as construções, de amor ou de ódio, do perdão ou da vingança;

✓ o maior cuidado que nos assiste na criação de formas-pensamento reside no perigo delas se transformarem em verdadeiros carcinomas (...) monstruosos seres automatizados e atuantes (...) capazes, em certos casos, de subsistir até por milênios inteiros de tempo terrestre[12].

---

11. *Nos Domínios da Mediunidade*, cap. 5 e 19.
12. *Universo e Vida*, cap 5.

Viagens do rei

✔ o rei (espírito) faz permanentes viagens de ida e volta, seja ao plano físico, seja ao espiritual, para estágios de aperfeiçoamento, em períodos nem sempre iguais;

✔ quando viaja para uma ou outra dimensão, o rei leva consigo todos os cidadãos do seu reino (os pensamentos); a única diferença nesses estágios alternados é que quando estão no plano espiritual esses cidadãos ficam nus... Dizendo de outra forma: desvestem-se da roupagem terrena que os encobria e ficam expostos à visão dos demais transeuntes daquele plano... É por esse pequeno detalhe que, ao chegar àquele plano a "comitiva real" é imediatamente identificada quanto à sua condição moral...[13]

✔ quando o rei retorna à dimensão física, traz os súditos, adormecidos; aos poucos, vai despertando e reconhecendo-os, e logo trata de vesti-los com trajes fornecidos não só pelas chamadas "convenções sociais", mas principalmente pelo gosto, enraizado...

Utilizando a bênção de poder pensar

✔ de posse dos conhecimentos descritos, poderemos utilizar melhor a dádiva divina que é a capacidade de pensar, não necessitando de grande esforço para integrar-se à grande obra de Deus, que procura o bem de toda a humanidade;

13. *Ação e Reação*, cap 5.

✔ um exercício que se mostrará de grande utilidade é passar a ter o hábito da autoanálise, imaginando que a consciência é um espelho, perguntando-lhe (e preparado para as respostas...):

– De onde me veio esse pensamento?

– O que estou pensando é bom?[14]

Havendo sinceridade, logo o diagnóstico surgirá...

✔ durante o sono, o espírito poderá (no "plano astral") empregar seus conhecimentos e sua boa vontade a benefício próprio e do próximo: para si, frequentando cursos de conteúdo moral elevado, e para o próximo, integrando-se como doador voluntário do seu potencial energético (ectoplasmático) às caravanas socorristas que atuam caridosamente nos dois planos;

✔ ninguém jamais está só: antes da presente existência, em espírito, tivemos muitas existências, muitas famílias... Assim, em algum lugar, conhecidos espíritos encarnados ou desencarnados estarão caminhando igualmente, rumo à evolução; se forem deixadas abertas as portas da casa mental, é certo que esses amigos o visitarão, seja na vigília ou, principalmente, durante o desdobramento do sono;

✔ o espírita compreende que discussões estéreis, tanto quanto sonhos quiméricos constituem tremendos exaustores de energia mental; por isso, evita aquelas e administra racionalmente estes;

14. O *Livro dos Espíritos*, questão nº 459.

✔ tudo o que tiver que ser feito deverá buscar a melhor maneira possível, e isso só será conseguido quando o agente estiver concentrado apenas naquilo que faz;

✔ na Terra, a natureza faz com que o Sol brilhe todos os dias e as estrelas surjam todas as noites na tela celeste (isso, há mais de 4 bilhões de anos!); raciocinando em torno disso não fica difícil desenvolver o sentimento da fé em Deus;

✔ jamais permitir que na casa mental se hospedem cólera, impaciência, irritabilidade, ironia ou ciúme: sabe-os inquilinos arruaceiros da boa ordem espiritual;

✔ o minuto caridoso material (doação), oral (palavra) ou mental (prece em favor do necessitado), é chance imperdível;

✔ os tigres adormecidos do atavismo (germens psíquicos do mal) não devem ser acordados, no presente, pelas revivescências: pelo exaustivo treinamento da reforma moral, devem ser considerados proveitosas lições do passado, para que jamais se repitam;

✔ ao pensarmos em alguém, fixemos apenas suas boas qualidades (se não as tiver, vamos criá-las e endereçá-las a ele; desse modo, formarão alicerce na casa mental).

Os animais e a dor

Dor no homem

Passemos a palavra para Léon Denis, em sua obra *Depois da Morte* (Cap. 9, RJ: FEB, 1944):

"A dor é uma advertência necessária, um estimulante à vontade do homem, pois nos obriga a nos concentrarmos para refletir, e força-nos a domar as paixões. A dor é o caminho do aperfeiçoamento. Física ou moral, é um meio poderoso de desenvolvimento e de progresso. É purificação suprema, é a escola em que se aprendem a paciência, a resignação e todos os deveres austeros. É a fornalha onde se funde o egoísmo em que se dissolve o orgulho".

Animais

Desde a edição do livro *Animais, Nossos Irmãos*, de nossa autoria, vimos recebendo surpreendente número de cartas de leitores, contendo instigantes perguntas:

– Se animais não têm consciência por que sofrem?

– Animais podem reencarnar nos mesmos lares nos quais eram amados ao morrer?

– Deve-se castrar animais para evitar prole?

Nossas respostas foram:

Sofrimento (dor) nas plantas e nos animais

(Com notas do capítulo 12 do livro *Animais – Amor e Respeito*, também de nossa autoria):

Em A *Gênese*, de Allan Kardec, cap. 18, nº 8, encontramos que plantas e animais são atingidos por enfermidades.

Considerando que as plantas têm sensibilidade, podemos inferir que isso lhes causa sofrimento. Não temos condições de afirmar que *sentem dor*, apenas podemos constatar que:

- ✔ uma árvore cortada perde seiva e morre;
- ✔ galhos queimados, definham rapidamente; antes, à simples aproximação do fogo, retraem-se;
- ✔ muitas são as pragas que atacam culturas, além de parasitas que lhes causam danos.

No caso dos animais, não há a menor dúvida que sofrem dor, tanto quanto nós.

Mas, nesse caso, não são poucas as pessoas que ponderam:

– Se o homem resgata débitos contraídos por ações equivocadas, afastadas das Leis Morais, como justificar que animais e plantas também sofram? Que culpa lhes pode ser atribuída, se não têm, como nós, inteligência, livre-arbítrio e consciência?

Realmente, eis aqui um aparente contrassenso da natureza. Mas, em verdade, nada há errado nisso.

Quanto aos homens, não há dúvida de que a justiça divina, para que cada ser galgue os degraus do progresso por meio de responsabilidade e esforço próprios, proporciona-lhes o mecanismo das reencarnações e engendra o corpo físico, suscetível a doenças e dor. Posiciona-os inicialmente em mundos primitivos. Dali transfere-os para mundos compatíveis com o progresso individual de cada um.

Doenças são próprias do patamar evolutivo dos planetas atrasados, como a Terra. Ajudam o homem a desenvolver a inteligência, para debelá-las. A dor funciona como poderoso alerta de que algo não vai bem, espiritual ou fisicamente.

Além do mais, a Lei de Causa e Efeito baliza o equilíbrio da justiça, fazendo o bem ou o mal retornar à origem. No caso do mal, ainda pela Bondade Suprema de Deus, o devedor pode ressarcir seu débito por meio de ações de auxílio ao próximo. Nesse caso, mesmo visitado por sofrimentos, estes já não lhe pesam tanto, eis que a esperança e a fé na justiça do Pai são poderosos anestésicos, além de potentes energéticos para suplantar dificuldades.

Muito bem.

– E a dor nos animais? Não tendo inteligência, livre-arbítrio ou consciência, suas ações, necessariamente instintivas, apenas visam à sobrevivência. Assim sendo, como lhes imputar culpa e o respectivo resgate?

Partindo da premissa de que Deus é Perfeição Suprema e Amor Absoluto, em nenhuma hipótese poderíamos aventar a menor possibilidade de que isso consista em injustiça ou equívoco da natureza.

Outro tem que ser o enfoque.

Aqui, entra em cena a condição esclarecedora do Espiritismo.

Vamos nos demorar mais um pouco nas reflexões sobre a dor, de modo geral:

▶ Em A *Gênese*, cap. 3, Allan Kardec filosofa com grande profundidade sobre o bem e o mal, analisando detalhadamente o instinto e a inteligência e, particularmente, a *destruição dos seres vivos uns pelos outros*. No item 21, esclarece que "a verdadeira vida, tanto do animal como do homem, não está no invólucro corporal, do mesmo modo que não está no vestuário. Está no princípio inteligente que preexiste e sobrevive ao corpo". Aqui, já temos conteúdo suficiente para refletir que danos físicos capazes de destruir a matéria, isto é, dos quais resulte a morte, não destroem o espírito (naturalmente, revestido do perispírito, que os animais também têm, embora de matéria mais rudimentar que a humana).

Prossegue Kardec, agora no item 24: "nos seres inferiores da criação, naqueles a quem ainda falta o senso moral, em os quais a inteligência ainda não substituiu o instinto, a luta é pela satisfação da imperiosa necessidade – a alimentação; lutam unicamente para viver; é nesse primeiro período que a alma se elabora e ensaia para a vida".

▶ O Espírito Emmanuel nos esclarece, de forma a não deixar nenhuma dúvida, que a dor representa aprendizado, constante da trilha evolutiva de cada ser vivo rumo à evolução; essa informação é textual, cristalina e não deixa margem a derivações filosóficas. Ei-la:

"Ninguém sofre, de um modo ou de outro, tão somente para resgatar o preço de alguma coisa. Sofre-se, também, angariando os recursos preciosos para obtê-la.

Assim é que o animal atravessa longas eras de prova a fim de domesticar-se, tanto quanto o homem atravessa outras tantas longas eras para instruir-se.

Espírito algum obtém elevação ou cultura por osmose (penetração, influência recíproca), mas sim mediante trabalho paciente e intransferível.

O animal igualmente para atingir a auréola da razão deve conhecer benemérita e comprida fieira de experiências que terminarão por integrá-lo na posse definitiva do raciocínio.

Dor física no animal é passaporte para mais amplos recursos no domínios da evolução." (*O Reformador*, junho de 1987, FEB)

Assim, mesmo que para muitos de nós seja penoso aceitar esse fato, prudente será refletir sobre o tema e sobre o quanto ainda ignoramos as coisas de Deus; alenta-nos considerar, com veemência, que o Pai jamais abandona qualquer dos Seus filhos. Com essa certeza, fica afastada, *ab initio*, que a crueldade que vitima animais seja indiferente à vida e ao amor de Deus, presente no infinitamente perfeito plano da criação.

► Juvanir Borges de Souza, em *Tempo de Renovação*, cap. 20, RJ: FEB, 1989, arremata: "para bem compreendermos o papel da dor será necessário situá-la como a grande educadora dos seres vivos, com funções diferentes no vegetal, no animal e no homem, mas sempre como impulsionadora do processo evolutivo, uma das alavancas do progresso do princípio espiritual".

Diante das assertivas anteriores, refletimos:

✔ animais sofrem para que registrem em sua memória espiritual, eterna, que a dor é ruim; assim, ao evoluírem, alcançando a inteligência, já trarão na bagagem cognitiva a ideia de que a dor deve ser evitada – a própria, por autopreservação e a do próximo, por ser esse um dos conselhos de Jesus para a evolução espiritual;

✔ nada nos impede de considerar que a dor, nos animais, completado o aprendizado, não mais se repetirá, sendo muito provável que ao desencarnarem, sem importar em quais condições isso aconteça, o sofrimento seja interrompido no ato da desencarnação, e sob patrocínio caridoso dos missionários do amor eterno;

✔ aliás, não cremos ser necessária mais de uma experiência dolorosa para fixação do aprendizado; como existem milhares de espécies e milhões de moradas no universo, há grande probabilidade que os animais percorram muitos desses mundos, em corpos adequados, acumulando experiências;

✔ como a restauração perispirítica é uma realidade do plano maior, nada nos impede também de imaginar que os perispíritos dos animais – qualquer que seja sua textura, certamente menos sutil do que os perispíritos do homem –, se danificados, ali serão recompostos por geneticistas siderais, os mesmos que promovem as modificações tendentes à escala evolutiva da espécie (*vide A Caminho da Luz*, cap. "A Grande Transição");

✔ se animais fossem "anestesiados" por espíritos protetores, para evitar a dor na hora do abate, ali não ocorreria fixação do aprendizado evolutivo; contudo, nada nos objeta raciocinar que em muitos, muitos casos mesmo, isso ocorra, porém em outras circunstâncias. Por exemplo: quando a crueldade humana esteja presente, infligindo sofrimento a animais cujo programa reencarnatório não o previa;

✔ aos espíritos que amam os animais, a eles provavelmente é delegada a função de orientar espécies animais no plano espiritual e de protegê-las, igualmente, no material; neste, fazem-no com abnegação e amor, criando *habitats* e mantendo ecossistemas; assistindo-os nos momentos difíceis pelos quais passam. Consideremos, por exemplo, que no momento em que um predador de grande potencial ofensivo (nunca se esquecer que foram os promotores da vida que disso o equiparam...) ataca uma indefesa presa (também de organismo engendrado pelos guardiões da vida eterna), Deus está presente num e noutro animal. Pela Lei do Progresso, certamente, no avançar do tempo, os papéis talvez sejam invertidos, após o que, ambos já terão em sua memória espiritual tal lembrança (automatismo biológico-espiritual); atingindo a razão (inteligência), só cometerão violência por decisão própria, a bordo do livre-arbítrio. A partir do livre-arbítrio, a evolução passa a ser balizada pela Lei de Causa e Efeito – Ação e Reação.

Por oportuno, vejamos alguns trechos das sempre elucidativas instruções de Allan Kardec, em espírito, clareando esse assunto, por meio de mensagem contida em *O Diário dos Invisíveis*, psicografada por Zilda Gama (Editora O Pensamento, 1927, 1ª Ed.):

"(...)

Bem sabeis que a dor, física e moral, é a lixívia (detergente) que alveja a alma enodoada do ser consciente e responsável por seus atos; é a lâmpada que a inunda de luz, tornando-a eternamente radiosa.

(...)

Se só o homem fosse suscetível à dor e às enfermidades e os irracionais tivessem os organismos imunes ao sofrimento, insensíveis como o aço, romper-se-ia o elo que os vincula pela matéria, que é semelhante em todos os animais.

(...)

Os animais, quer os de constituição semelhante à do homem, quer os de organismos imperfeitos, não padecem, como os racionais, unicamente para progredir espiritualmente, pois são inconscientes e irresponsáveis, mas Deus, que tudo prevê, não os fez insensíveis à própria defesa e conservação, como meio de serem domesticados, tornando-os úteis às coletividades.

Um cavalo que fosse indiferente à dor seria capaz de precipitar-se, com o cavaleiro, ao primeiro abismo que se lhe deparasse, tentando livrar-se da sela e da carga importuna que lhe tolhem os movimentos, privando-o de viver às soltas pela vastidão dos prados ou à sombra das florestas. Por que recuam, temerosos, ante a ameaça de um calhau ou de uma farpa, um cão ou um touro enfurecido? Com receio do sofrimento que teriam se fossem por eles atingidos

(...)

Os irracionais necessitam da dor, para que possam, em estado de liberdade, defender a própria vida, temer as sevícias, sofrear os impulsos ferozes, procurar repouso e alimento, tornar-se menos perigoso ao homem, manter o instinto de conservação, que não teriam, se os seus corpos fossem desprovidos de sensibilidade. O homem progride mais pelos padecimentos morais que pelos físicos; nos irracionais predominam estes sobre aqueles.

(...)

A dor é útil aos animais para que os fracos e pequenos se defendam dos fortes e cruéis, procurando esconderijos inacessíveis a seus adversários nas furnas ou nas mais altas frondes".

Reencarnação de animais

Reflitamos:

- a reencarnação, como sabemos nós, espíritas, é uma das sublimes bênçãos de Deus aos Seus filhos – os seres vivos, todos; tal é o ciclo da evolução, Lei Divina, amplamente exposta por Kardec, no *Livro dos Espíritos* e praticamente em todos os livros da Doutrina Espírita;

- um dos postulados da reencarnação, para seres humanos, é justamente o esquecimento do passado. Esquecimento, mas jamais perda da individualidade, da personalidade, do caráter.

- os animais, após a desencarnação, segundo Kardec (questão 600 de *O Livro dos Espíritos*), embora mantendo também sua individualidade, são agrupados e mantidos sob cuidados de espíritos especializados (certamente, zoófilos, com especialização em "biologia espiritual", "veterinária", em particular); para animais, a reencarnação não se demora;

- no livro *Evolução em Dois Mundos*, do autor espiritual André Luiz, psicografia de F. C. Xavier/W.Vieira, encontramos:

  "A girencefalia (característica dos cérebros com circunvoluções, o que possibilita uma maior área cortical – de córtex. Exemplo: cérebro dos primatas) e a lissencefalia (condição de cérebro sem circunvoluções, o que resulta em pequena área cortical) obedecem a tipificações traçadas pelos orientadores maiores, no extenso domínio dos vertebrados, preparando o cérebro humano com a estratificação de lentas e múltiplas experiências sobre a vasta classe dos seres vivos.

À maneira de crianças tenras, internadas em jardim de infância para aprendizados rudimentares, animais nobres desencarnados, a se destacarem dos núcleos de evolução fisiopsíquica em que se agrupam por simbiose, acolhem a intervenção de instrutores celestes, em regiões especiais, exercitando os centros nervosos". (Cap. 9, "Evolução e cérebro")

"(...) Nomearemos o cão e o macaco, o gato e o elefante, o muar e o cavalo como elementos de vossa experiência usual mais amplamente dotados de riqueza mental, como introdução ao pensamento contínuo". (Cap. 18, "Evolução e destino")

- quanto aos seres mais evoluídos no reino animal, dentre os quais os cães, símios, bovinos, equinos, felinos (gatos, em particular), golfinhos – e outros –, embora não possamos afirmar, com inteira convicção, é muito provável, mas muito mesmo, que os criados em ambiente doméstico e que foram amados por seus donos, ao convívio deles talvez retornem, num breve espaço de tempo após a desencarnação;

- o amor é a mais sublime vertente do universo, por isso foi que o Apóstolo João recitou: "Deus é Amor!" (I João, 4: 8). Amor é linguagem universal, entre todos os seres vivos. Fazemos essa citação para analisar que é muito provável que animais recém-desencarnados, embora não tenham condições de se manifestar, recebam as boas vibrações de amor daqueles que os amaram, quando encarnados;

▶ registramos, como simples suposição: em casa, temos 99% de suspeitas de que alguns dos nossos gatos (somos "gateiros de carteirinha", embora minha esposa e meus dois filhos amemos a todos os animais) são a reencarnação de alguns que, conquanto tenham feito a Grande Viagem, deixaram profundas marcas de saudade em nossos corações, são sim os mesmos. Pois só quem convive com gatos desde 1979, como nós, pode perfeitamente avaliar os costumes dos felinos, cada qual em seu canto próprio, suas manias, sua linguagem, sua forma de demonstrar gratidão, medo, carinho, fome etc. Em casa, tivemos gatos que conviveram conosco por 14, 15 e até 16 anos.

Ora, quando um gato, dentre tantos, repete os mesmos gestos e apresenta os mesmos costumes, permitimo-nos conjeturar que pode ser a reencarnação de um daqueles que havia morado conosco e que procedia exatamente assim.

▶ portanto, dentro do quadro de animais domésticos desencarnados que foram amados por seus donos, sabendo que por pouco tempo permanecem no plano espiritual, embora não possamos afirmar com inteira convicção, é muito provável, mas muito mesmo, que àquele convívio terreno retornem, pouco tempo após a desencarnação. Não sendo improvável, da mesma forma, que se nossa desencarnação for próxima àquela, talvez possamos encontrá-los no plano espiritual, considerado nosso patamar evolutivo e, principalmente, nosso merecimento.

– É uma esperança!

Castração de animais

Eis outra questão insistentemente formulada por leitores amigos, pedindo-nos para opinar.

Vamos lá:

Quanto à castração de animais, não podemos aconselhar. Nem sim, nem não. Há vários componentes nessa questão, tanto de ordem moral quanto material. A decisão tem que ser individual, de cada dono de animal.

O que podemos informar, tão somente como opinião, é que – entre a alternativa cruel do abandono e a castração, consideramos útil esta última providência, é mil vezes preferível do que deixar multiplicadas crias virem ao mundo e depois abandoná-las ou, o que é pior, sacrificá-las.

Encontramos, contudo, a resposta em *O Livro dos Espíritos*, questão nº 693, com trechos que reproduzimos:

"693. As leis e costumes humanos que criam obstáculos à reprodução são contrários à lei da natureza?

– Tudo o que dificulte a marcha da natureza é contrário à lei geral.

693a. Entretanto, há espécies de seres vivos, animais e plantas cuja reprodução indefinida seria prejudicial a outras espécies e o próprio homem se tornaria uma vítima; comete ele um ato repreensível ao impedir essa reprodução?

– Deus deu ao homem, sobre todos os seres vivos, um poder que deve usar para o bem, mas do qual não deve abusar. Pode-se regular a reprodução conforme as necessidades".

Eutanásia-animal

Em 1995, foi realizado em São Paulo um encontro internacional para debater maus-tratos contra animais de estimação – basicamente, cães e gatos. Temas centrais: controle da reprodução (por esterilização ou castração), bem-estar dos animais e educação... de seus donos. Atividade a ser mundialmente revista é a forma como os países sacrificam animais abandonados nas ruas: envenenamento, eletrocussão ou descompressão em câmaras de vácuo. Todos esses métodos provocam sofrimentos ao animal, por cerca de um a três minutos, antes de morrer. Se o holocausto for inevitável, que seja por anestésicos que provocam a morte indolor, tal como ocorre em Londres, onde os animais sacrificados recebem injeções e morrem em menos de um segundo, sem sofrimento.

Nota: O Espiritismo consigna com claridade solar que a eutanásia é prática contrária às Leis Divinas, registrando "o valor do último pensamento" de um moribundo em estado desesperador, quando este poderá despertar para o entendimento espiritual e, a partir desse minuto, "poupar muitas lágrimas no futuro".

Quanto a animais, não trata especificamente do tema eutanásia.

Não nos atrevemos a aconselhar a eutanásia.

O tema é ardente e pode suscitar muita controvérsia.

Refletimos apenas que, exclusivamente nos casos em que animais em estado terminal forem sacrificados para evitar-lhes sofrimento, isso decide quem os ama, daí advindo alívio para o animal e pungente dor para o dono... É extremamente aconselhável nesses momentos consultar um médico veterinário... e a consciência!

Jesus, o Bom Pastor, nos abençoe, a todos.

A família: o homem

A criatura humana

O homem, assim como a maioria dos seres vivos, é um ser de instinto gregário, isto é, de vida social (em agrupamento com semelhantes).

Vários fatores induzem o ser a esse gregarismo, sendo que o principal é a sobrevivência (instinto-mor), pois, junto com companheiros, haverá sempre a possibilidade de sucesso, na caça ou na defesa.

Essa tendência natural, intrínseca, foi, é e será sempre a base da formação da(s) sociedade(s), em todos os tempos.

Das pequenas tribos à globalização mundial dos nossos dias, todo o percurso do progresso humano – civilização –, se fez por meio da união.

Visão espírita

Allan Kardec, debruçando-se sobre tão importante questão, endereçou três perguntas aos espíritos iluminados (questões nº 766, 767 e 768 de *O Livro dos Espíritos*), obtendo as seguintes respostas, que sintetizo:

A necessidade da vida social está na natureza! Deus fez o homem para viver em sociedade; os homens procuram a sociedade por instinto, progredindo, ajudando-se mutuamente, o que não conseguiriam sozinhos, pois ninguém tem todas as faculdades.

Agrupamentos – histórico

▶ Tempos primitivos: já a lendária solidão bíblica de Adão, requerendo companhia e sendo atendido pelo Criador, que lhe enviou Eva, expõe a natural tendência humana de não viver só.

As tribos primitivas, mesmo convivendo em semibarbárie, são testemunhas que desde a origem do homem sobre a Terra, ele viveu em conjunto com iguais.

▶ Grécia antiga:

✔ o modelo espartano, de hegemonia militar, não reservou à união dos seres o contexto familiar; essa foi a causa da sua destruição;

✔ já o modelo ateniense, contemplando a arte e o belo, incumbiu o Estado de zelar pelas famílias, o que deu alguma sobrevida a elas, contudo, sem o amparo da pródiga filosofia então preconizada por aquele modelo.

▶ Roma antiga: com leis promulgadas pelo Senado, edificou o conjunto familiar, embora a longos tempos, entremeados por guerras. Foi a partir daí que a dignidade humana emergiu, embora sob a égide do *patriciado* (família dos *patrícios* = alta dignidade).

- Idade Média: sob o império da ignorância, a família foi desfigurada, com a imposição da doação dos filhos à Igreja e ao *suserano* (senhor feudal, com mando em feudos dependentes) de plantão..., daí resultando séculos de atraso moral.

- Tempos modernos: Infelizmente, no período pós Segunda Guerra Mundial (1939-1945), houve um grande aumento da barbárie, implodindo valores morais, advindo, no contexto familiar, esvaziamento de muitas das suas funções, materiais e morais.

Visão espírita

Desde a existência humana no plano terreno, jamais a humanidade ficou sem o apoio moral dos espíritos elevados. Com efeito, do barbarismo aos Profetas, destes a Moisés, dele a Jesus, do Mestre à Idade Média, desta à Renascença, culminando com a Terceira Revelação (o Espiritismo), até nossos dias, o planeta vem sendo iluminado por espíritos missionários. Não cessam eles de aconselhar noções de fraternidade e respeito mútuo. Seus ensinamentos produziram os vários códigos dos direitos humanos da civilização, culminando com a consagração da família como geradora do progresso e da paz, sendo célula sustentadora da felicidade terrena.

Da caverna à cobertura luxuosíssima

Sobrevivência

O instinto de conservação levou e leva o homem a proteger-se contra tudo aquilo que ponha sua vida em risco.

Abrigo

Uma das primeiras proteções buscadas foi a ofertada pelas cavernas, contra fatores adversos — intempéries, rigores climáticos, exposição a inimigos e animais ferozes, proporcionando esconderijo e relativa segurança, para si e para os seus.

Cooperação com semelhantes

Fator decisivo do progresso humano foi e sempre será a união de esforços.

Quanto à necessidade de abrigo em particular, em essência, não diferem os meios utilizados pelo homem primitivo daqueles do homem atual. Infelizmente, e na verdade, da rusticidade rupestre das cavações rochosas e das cavernas ao extremado luxo das coberturas de altíssimo valor, com suas inúmeras "suítes", os exageros do espaço físico e da decoração, sob a falsa premissa do conforto, descambaram para a ostentação desmesurada, em prejuízo até mesmo da praticidade.

Direitos do homem

Naturais

✔ Vida: viver é o maior direito de todos os seres vivos.

É doação divina!

Daí que a contraparte – a morte – é igualmente atributo regido pelo Criador, consubstanciado nas Leis Morais de Progresso e de Destruição ("destruição", aqui, subentendendo-se "renovação").

✔ Liberdade: nos vários rumos da sua vida ("destino"), o homem, desde sempre e não só a partir da maioridade, é senhor dos seus atos, pelos quais, contudo, é responsável intransferível. Esse é o estatuto divino da Lei de Justiça.

✔ Associação: a ninguém será negado o direito de unir-se a outras pessoas para constituir associações, aí se incluindo os agrupamentos pequenos (casais) ou grandes (sociedades) – aqueles com objetivos familiares e estes com objetivos profissionais, culturais, religiosos etc.

Visão espírita

"O direito natural assim é chamado, porque é pertinente à natureza essencial do homem – ser racional, livre e consciente – o que envolve os direitos do homem. Esses direitos são inatos, nascem com o homem e, por isso, antecedem a qualquer convenção ou outorga do Estado. Ex: direito à vida.

Como se vê, não são criações da lei no sentido jurídico: são revelações das leis eternas e imutáveis que dirigem a humanidade." (*Estudos de Filosofia Social Espírita*, de Ney Lobo, RJ: FEB, 1992)

*

DIREITOS SOCIAIS DO HOMEM

Recordemo-nos da divisa da República Francesa, adotada pela Convenção Nacional de 1793, em consequência da Revolução Francesa (1789-1799):

▶ Liberdade

✔ Direitos cívicos: votar, ser votado, cargo público, etc.

✔ Direitos religiosos: livre escolha de credo.

✔ Direitos profissionais: escolha da atividade profissional para a qual tenha mais vocação.

▶ Igualdade

✔ Viver em sociedade, sem quaisquer preconceitos (de raça, de cor, faixa etária, credo etc.).

▶ Fraternidade

✔ Viver comunitariamente em harmonia, auxiliar e defender os mais fracos.

DEVERES MORAIS DO HOMEM

▶ Respeito (às leis, às instituições e ao próximo)

As leis expressam o pensamento coletivo de uma sociedade, cujos membros estão sujeitos a obedecê-las, sem privilégios. As instituições só sobrevivem onde há respeito às leis que as criaram.

O ser humano "do andar de cima" – mais forte, mais rico, mais inteligente, mais espiritualizado – traz em si, quando nessa posição, a responsabilidade de ajudar aos mais necessitados nessas áreas. Isso porque Deus colocou na alma do homem, a partir do gérmen da sua criação, a semente da caridade, que se expressa em ajuda ao próximo. Todas as virtudes humanas decorrem da lei do amor.

- Trabalho

Todo trabalho é digno e todos devem trabalhar, mirando-se no exemplo da natureza, incessantemente trabalhando em nosso favor.

Mas não é suficiente trabalhar: há que haver dignidade naquilo que se faz.

- Progresso (material, intelectual e moral)

Todas as criaturas estão submetidas à Lei da Evolução.

Deus é o autor dessa Lei!

Visão espírita

Allan Kardec, dotado de invulgar senso pedagógico, quando da codificação do Espiritismo, tratando da Lei Divina ou Natural (em *O Livro dos Espíritos*) indagou aos bons espíritos:

"614. O que se deve entender por lei natural?

– A lei natural é a lei de Deus. É a única verdadeira para a felicidade do homem; ela lhe indica o que deve ou não fazer, e ele é infeliz somente quando se afasta dela. (...)

621. Onde está escrita a lei de Deus?

– Na consciência." [não havendo pois necessidade de a revelar]

Associações humanas

► Família

Atração = união: todas as associações humanas obedecem, de início, à lei da sintonia. Na união de dois seres heterossexuais, de vida em comum, quase sempre o componente que primeiro se manifestou foi a atração sexual. Porém, basear uma união tão somente nesse vetor é equívoco que não tarda a desfazê-la, pois embora seja mesmo necessário e agradável, não resiste às demais exigências da estabilidade.

Repulsão = distanciamento: a proximidade de dois seres que formam uma família – convivência no lar – expõe a realidade do que é viver em conjunto, trazendo no seu bojo grandes desafios, pelo imperativo da aceitação e compreensão recíprocas, face às diferenças de personalidade; nesse ponto, se a tolerância estiver ausente, em um ou em ambos, a repulsão se instalará, a pouco e pouco. O desfecho, não raro, será o rompimento da relação.

Os que se separam acreditam que, longe um do outro, sancionado está o desenlace completo, ignorando que os liames espirituais de uma união sexual decorrente de programação espiritual visando reajustes permanecem. Interrompida a união antes de completada, transferido está o cumprimento daquela programação, que terá de ocorrer... em vidas futuras.

▸ Sociedade

Grupo de pessoas reunidas sob os mesmos direitos/deveres.

Aqui, convém definir com clareza os chefes e os locais dessas reuniões:

✔ Patriarcado: organização social em que o patriarca (o pai) concentra autoridade absoluta;

✔ Matriarcado: organização social em que a mulher, matriarca (a mãe), é a chefe da família;

✔ Casa: local de abrigo da família (alicerces, argamassa, tijolos, cobertura e móveis);

✔ Lar: sagrado ponto de encontro do homem e da mulher (e dos filhos, se houverem);

✔ Escola: local de formação do homem.

Funções da família

▸ Reprodução

A perpetuação das espécies foi concebida pela engenharia divina e sem essa função o mundo corporal pereceria. Regula-se pela Lei Moral da Reprodução. Permite que espíritos retornem à vida física, para progredirem, sendo situados pelo plano maior no endereço mais adequado às suas necessidades: resgates, reajustes ou tarefas.

*

▶ Identificação social

Pelos registros oficiais, a paternidade e a maternidade são dadas a público, levando o indivíduo a fazer parte integrante do meio social em que nasceu.

▶ Socialização

Desde criança o indivíduo aprende a integrar-se ao mundo adulto, aprendendo a:

✔ canalizar seus afetos;

✔ avaliar e selecionar relações e emoções;

✔ respeitar para ser respeitado (respeito mútuo, entre seres) e respeito às leis e instituições.

▶ Economia

Na conjugação do trabalho dos membros ativos da família obtém-se os recursos necessários à sobrevivência e conforto dos seus membros, aí se incluindo os que não trabalham.

Tipos de família

▶ Monogâmica

Padrão familiar segundo a lei natural, consubstanciado na formação de um lar, onde vive um casal que não troca de parceiro.

Geralmente, e havendo amor, nessa convivência doméstica encontraremos a fidelidade, a cooperação e a fraternidade.

*

▶ Poligâmica

A poligamia tem raiz na busca de novas emoções (prazeres).

Se exercida oficialmente, como em algumas sociedades, ignora por completo a lei natural da reciprocidade.

Se exercida oficiosamente, configura o adultério, pondo a descoberto, não raro, desencontro afetivo, insatisfação sexual, insegurança quanto a si mesmo.

Famílias monogâmicas

✔ Nuclear/Normal: pai, mãe, filhos. É o nosso modelo;

✔ Natural/Incompleta: uma mãe, sem designação de um pai;

✔ Conjugal: só o casal. Sem filhos;

✔ Participativa: marido e mulher repartem tarefas, internas e externas;

✔ Experimental: coabitação por um período, desembocando, quase sempre, no casamento. Quando nascem filhos passa a ser "nuclear/normal";

✔ União Livre: coabitação, com ou sem filhos, recusando-se a legalizar o consórcio, seja no âmbito religioso como no civil;

✔ Homossexual: convivência de duas pessoas do mesmo sexo, podendo adotar crianças, ou com crianças resultantes de uniões anteriores;

✔ Extensas (comunidades): vários indivíduos adultos convivendo num grupo social autossuficiente, por exemplo, os *hippies*. Recusam-se à vida "nuclear/normal".

FAMÍLIAS POLIGÂMICAS

✔ Poligínica (do grego: *polys* = muito + *gyne* = mulher): um homem vivendo com várias mulheres, que além de darem-lhe filhos, prestam os mais variados serviços. Nesse contexto, a primeira esposa tem ascendência hierárquica sobre a segunda; esta, sobre a terceira, e assim sucessivamente.

✔ Poliândrica (do grego: *polys* = muito + *andros* = homem): uma mulher e vários maridos. A família poliândrica ocorre em regime de sociedades matrilineares (ascendência social materna de um clã ou uma classe), no qual diversos homens, em geral irmãos ou primos, participam da posse da mesma mulher.

PERSONALIDADES DA FAMÍLIA

✔ Coesa: equilíbrio entre a dupla necessidade de independência e o intercâmbio familiar. Os membros gostam de estar uns com os outros, cooperando, repartindo sucessos e alegrias, respeitada a independência de cada um.

Filhos: tranquilos.

✔ Dominadora: a independência tem mais valor do que o relacionamento. Pais perfeccionistas. Pouco diálogo. Presença de hostilidades e do decorrente mal-estar.

Filhos: obedientes por decreto, mas quando crescem tornam-se indiferentes, intolerantes e autômatos.

✔ Protetora: o companheirismo dá o tom e há proteção entre os membros. Se um é advertido, os demais se ofendem. São dependentes uns dos outros. Clima geral: angústia e insegurança.

Filhos: quando se tornam adultos manifestam inseguranças.

✔ Simbiótica: Ideia de grupo é levada ao extremo. Todos falam e pensam da mesma forma (simbiose). Havendo um fracasso, haverá um "bode expiatório". Os pais responsabilizam os filhos pelos sucessos ou pelos fracassos.

Filhos: sentem-se como numa armadilha, mesmo saindo de casa têm dificuldade em libertar-se da pressão psicológica dos pais.

✔ Caótica: ninguém se responsabiliza por nada. Acusações mútuas. Todos se julgam perfeitos e inocentes *a priori*.

Filhos: tornam-se valentões, anulam qualquer crença, isolam-se e separam-se do mundo ao seu redor.

✔ Idealizadora: "meu filho é um gênio"... Para ele, tudo. Todos seus erros são desculpáveis. A motivação reinante é que o filho alcance o máximo sucesso.

Filhos: inseguros e na maioria das vezes não correspondem aos anseios dos pais.

✔ Pouco modesta: esforça-se para mostrar ao mundo a imagem do sucesso. A mistificação oculta o que os incomoda.

Filhos: constroem bases falsas e superficiais da vida, culpam essas bases pelos fracassos.

✔ Compensadora: a decepção com o cônjuge tem recompensa na dedicação exclusiva da mãe para com o filho, ou do pai para com a filha. Tais filhos, percebendo-se substitutos do cônjuge na compreensão e no companheirismo, aceitam tal fato por curta duração, pois logo irão viver suas próprias vidas.

Filhos: infelizes e com dificuldades com o relacionamento com outras pessoas.

✔ Feliz: união conjugal amortecendo choques, traumas, desníveis. Estímulo recíproco. Manutenção da personalidade de cada membro. O lar é transformado ponto de encontro e de reencontro. Ao prazer físico sempre é somado o prazer emotivo. É a vitória do amor!

Filhos: felizes, também.

O Espiritismo e as uniões familiares

▶ Lei de Causa e Efeito (Lei de Ação e Reação)

"Por meio da pluralidade das existências o Espiritismo ensina que os males e aflições da vida são muitas vezes expiações do passado, bem como que sofremos na vida presente as consequências das faltas que cometemos em existência anterior e, assim, até que tenhamos pago a dívida de nossas imperfeições, pois que as existências são solidárias umas com as outras." (*A Gênese*, de Allan Kardec, cap. 15, item 15)

Essa lei, que espelha a justiça divina, é altamente confortadora para aqueles que sofrem, eis que esclarece a origem do desconforto ou sofrimento: no próprio sofredor...

*

▶ Planejamentos reencarnatórios

Os planejamentos reencarnatórios, a cargo de espíritos siderais, preveem para cada criatura um roteiro de acontecimentos, os quais não se deslocam sobre um trilho, mas constituem uma trilha. Em outras palavras: nosso destino existencial é traçado quando ainda estamos no plano espiritual, e o nosso comportamento poderá amenizar, agravar ou mesmo adiar certos fatos.

Nesse contexto a existência de cada homem poderá estar enquadrada em:

✔ Expiação: acontecimentos aos quais não poderá se furtar, destinados a quitação de débitos assumidos em vidas passadas;

✔ Provação: acontecimentos que colocarão à prova o progresso moral alcançado;

✔ Missão: existência programada para a realização de grandes feitos, em prol da humanidade.

Dessa forma, cada criatura nasce no endereço mais adequado ao seu roteiro existencial, no qual o grupo familiar terá vital importância, principalmente os ascendentes e descendentes, que mais tempo conviverão com ele.

Uniões familiares, classificadas em:

▶ Consanguíneas

Programadas pelo plano maior: desajustes morais do passado exigem reequilíbrio inadiável, e os envolvidos, por graça de

Deus, são reunidos num mesmo teto, encontrando ali a oportunidade redentora.

Conflitos e atritos emergem a todo instante, exigindo que o atingido, geralmente o devedor, renuncie quase sempre diante do desafeto rebelde do passado. Hoje, na pessoa do cônjuge, do filho ou do parente difícil, travestidos de cobradores implacáveis.

Aspirações, ideais, sonhos... esboroam-se ante as ondas avassaladoras da incompreensão, e, somente o entendimento da Lei de Ação e Reação, consubstanciando a justiça divina, alentará o que sofre. Se conseguir administrar evangelicamente seus desconfortos e sofrimentos, obterá como recompensa apreciável progresso moral e quitação plena de seus comprometimentos espirituais.

Contudo, quando interesses escusos ou a irresponsabilidade tenham norteado uniões por laços corporais, no seu rastro, sobram dolorosos resgates, pois que são frágeis, como a matéria. Extinguem-se com o tempo e muitas vezes se dissolvem moralmente já na existência atual.

▶ Espirituais

Fortalecem-se pela purificação e se perpetuam no mundo dos espíritos, por intermédio das várias migrações da alma. A união de pessoas pelos laços espirituais traz à tona sentimentos positivos há muito entrelaçados. As realizações, nesses casos, nobilitantes, costumam beirar ao sublime. O perigo a rondar o casal será a vaidade, não convidada, mas intrusa traiçoeira sempre à espreita de quem obtém sucesso.

A família e o casamento

Aspectos legais

▶ Instituição

No Brasil, o casamento é uma instituição regulada pelo Código Civil.

É de ordem pública e implica em união exclusiva e comunidade devida.

▶ Formalidades

O Estado cria uma série de formalidades que antecedem o casamento, para verificar, assim, a existência ou não de impedimento do ato e outras questões, relativas ao momento da celebração. As formalidades relativas a esses registros pré-nupciais são objeto de processo denominado *habilitação*. À vista dos documentos, a autoridade civil lavrará os proclamas do casamento, mediante edital.

*

- Prova Legal

Certidão de Registro, feito ao tempo da celebração.

- Idade requerida

Menores de 21 anos: sendo filhos legítimos, é indispensável o consentimento do pai ou da mãe;

Impedimentos: Menores de 16 anos (mulher) e de 18 (homem);

Nota: O impedimento torna-se irrelevante, porém, ao se tratar de casamento para evitar a imposição ou cumprimento de pena criminal, caso em que o juiz poderá ordenar a separação de corpos até que os cônjuges alcancem a idade estabelecida.

- Dissolução da sociedade conjugal

Desde 1977 vigora no Direito Constitucional brasileiro que a sociedade conjugal termina:

✔ pela morte de um dos cônjuges;
✔ pela nulidade ou anulação do casamento;
✔ pela separação judicial;
✔ pelo divórcio.

ASPECTOS RELIGIOSOS

- Judaísmo

Segundo a lei judaica, os dois futuros cônjuges devem ser filhos de pais judeus casados religiosamente. Só é considerado judeu aquele que possui mãe judia, de nascimento ou por conversão.

▶ Teologia protestante

A cerimônia religiosa é facultativa e nada acrescenta ao casamento civil. O que se observa é que os cristãos costumam pedir que, depois do contrato matrimonial, Deus e a comunidade cristã sejam testemunhas de sua união. As igrejas protestantes aceitam o casamento de divorciados.

▶ Teologia ortodoxa

A celebração do casamento, segundo o rito bizantino, data dos séculos 10 e 11 e compõe-se de duas cerimônias: dos esponsais e do coroamento ou do casamento propriamente dito. Em geral, elas se confundem. A Igreja Ortodoxa permite o divórcio e novo casamento da parte "não culpada" pela separação.

▶ O casamento no direito muçulmano

É um contrato cujas cláusulas são definidas pelo Corão e pela tradição do Profeta (*hadith* = narrativa; coleção dos atos e palavras de Maomé). O homem, diversamente da mulher, tem a obrigação de casar-se, quando não existe impedimento. Ele não pode ter, simultaneamente, mais de quatro mulheres.

Teologia católica

▶ O matrimônio como sacramento

O Cristianismo adotou as formas do casamento antigo, mas atribuiu-lhe um valor religioso novo: símbolo da união de Cristo e com a Igreja.

Desde o Concílio de Verona (1184), o matrimônio passou a ser considerado um sacramento.

▶ Exigências

Desde sua criação, o casamento pela Igreja passou a ter exigências: fidelidade total, monogamia, proibição do divórcio.

Somente a partir de 1563 (Concílio de Trento), a presença de um padre qualificado tornou-se indispensável ao ato, para reconhecimento de sua validade. O padre, no caso, representa tão somente uma testemunha, pois são os esposos os verdadeiros ministros do sacramento. Para a Igreja, é o mútuo consentimento que realiza o casamento.

Visão espírita

▶ Instituição divina

"O casamento é uma instituição divina, destinada, não só à conservação da Humanidade, como também a oferecer aos espíritos, que se unem no grupo familiar, apoio recíproco para suportarem as provas da existência." (*O Sermão da Montanha*, Rodolfo Calligaris, cap. "O divórcio em face da moral cristã", RJ: FEB, 1996, 17ª Ed.)

▶ Planejamento reencarnatório

"A Doutrina Espírita é bastante clara quanto à seriedade do vínculo matrimonial demonstrando que ele é, geralmente, fruto de planejamento espiritual, e que, ao se ligarem, os cônjuges assumem compromissos muito sérios, não tão somente em relação ao próprio ajuste, mas, particularmente, no concernente aos filhos." (*A Voz do Monte*, Richard Simonetti, cap. "O problema do divórcio", RJ: FEB, 1991, 4ª Ed.)

▶ Fator de progresso

"O casamento é um progresso na marcha da humanidade.

(...) é um dos primeiros atos de progresso nas sociedades humanas, porque estabelece a solidariedade fraterna e aparece entre todos os povos, ainda que em condições diversas. A abolição do casamento seria o retorno à infância da humanidade e colocaria o homem até mesmo abaixo de alguns animais que dão o exemplo de uniões constantes." (*O Livro dos Espíritos*, Allan Kardec, questões nº 695 e 696)

▶ Monogamia – um enfoque espírita

"(...) Quanto mais se integra a alma no plano da responsabilidade moral para com a vida, mais apreende o impositivo da disciplina própria, a fim de estabelecer, com o dom de amar que lhe é intrínseco, novos programas de trabalho que lhe facultem acesso aos planos superiores.

(...) Em semelhante iminência (contato com outro ser que demonstre plena afinidade), a monogamia é o clima espontâneo do ser humano, de vez que dentro dela realiza, naturalmente, com a alma eleita de suas aspirações a união ideal do raciocínio e do sentimento, com a perfeita associação dos recursos ativos e passivos, na constituição do binário de forças, capaz de criar não apenas formas físicas para a encarnação de outras almas na Terra, mas também as grandes obras do coração e da inteligência, suscitando a extensão da beleza e do amor, da sabedoria e da glória espiritual que vertem, constantes, da Criação Divina." (*Evolução em Dois Mundos*, Primeira Parte, cap. 18, André Luiz, psicografia de Francisco Cândido Xavier)

CLASSIFICAÇÃO ESPIRITUAL

A classificação seguinte consta da obra *Estudando a Mediunidade*, de Martins Peralva, cap. 18, RJ: FEB, 1984. Essa classificação, por sua vez, é oriunda das informações prestadas pelo Espírito André Luiz, no cap. 14 de *Nos Domínios da Mediunidade*, RJ: FEB.

▸ Casamentos acidentais

Encontro de almas ainda inferiorizadas, por efeito de atração momentânea, sem nenhum ascendente espiritual.

Aproximação e união de pessoas que um dia se encontraram e, sem questionar se há amor, resolvem, de livre e espontânea vontade, compartilhar suas vidas. É de se supor que seu enlace é muito mais físico do que espiritual.

▸ Casamentos provacionais

Reencontro de almas, para reajustes necessários à evolução de ambos.

Aqui temos os enlaces mais frequentes no plano terreno, pois o que mais se observa são lares em duras provas, como se o casal, os filhos e mesmo parentes, estivessem todos sobre o fogo depurador de um cadinho espiritual.

Desconfiança, desarmonia e conflitos morais dão o tom nesses domicílios.

Tolerância e compreensão evangélica de que estão em processo de reajustamento, geralmente recíproco, serão indispensáveis à conquista da paz, do progresso moral e principalmente da quitação de débitos de vidas passadas.

Aqui, mais do que nunca, o Espiritismo é potente farol para o encontro do rumo certo de como caminhar no dia a dia doméstico, administrando as crises e os problemas que teimam em visitar esses lares.

A receita evangelhoterápica para tais dificuldades é: humildade!

- Casamentos sacrificiais

Reencontro de alma iluminada com alma inferiorizada, com o objetivo de redimi-la. Temos, assim, um espírito moralmente bem mais evoluído do que outro, consorciados ambos pelo matrimônio, aceitando o primeiro, de boa vontade, tal união, geralmente programada antes de ambos reencarnarem. Podemos denominar sacrifício o fato de alguém, voluntária e pacientemente, requerer e mesmo suportar a união com outrem, portador de sentimentos morais inferiores, visando tão somente seu reerguimento moral.

Talvez nos seja permitido conjeturar que tais almas têm laços afetivos profundos, e aquela que se eleva não se daria por feliz vendo a outra em duros embates à retaguarda, mesmo que em consequência de mau proceder. Determinada, a mais espiritualizada retorna à companhia de quem sucumbiu, comprometendo-se, para si mesma, a reerguer esse alguém.

▶ Casamentos afins

Reencontro de corações amigos, para consolidação de afetos.

No relacionamento, ambos são sempre pacíficos, dóceis, carinhosos.

Já se amavam antes. Durante tal coexistência esse amor cresce ainda mais!

▶ Casamentos transcendentes

Almas engrandecidas no bem e que se buscam para realizações imortais.

A união dessas almas é de tal nível que já convivem em clima de amor fraternal pleno e buscam o reencontro no plano físico para, juntas, realizarem grandes obras em benefício das coletividades.

Sua vida em conjunto se reveste de finalidade superior.

Estamos todos nessa grande e abençoada escola que é a Terra, e em nossos diversos cursos existenciais por vezes nos demoramos em classes onde se situam nossos afetos...

ou desafetos – alunos, que assim como nós buscam o aprendizado.

A esperança de que um dia completaremos o curso superior de aprendizado fraternal terreno nos acena com os proclamas de que, dali em diante, vivenciaremos em lares, na companhia de consortes amados, na paz e felicidade das bem-aventuranças.

Enquanto isso, seja qual for a classificação do nosso atual casamento (se casados estivermos...), busquemos o Mestre Jesus, pois ele é o Mestre da melhor de todas as matérias a serem aprendidas: o amor!

Relacionamentos humanos

▶ Considerações sociológicas

A problemática do relacionamento humano, por especificar a necessidade de comunicação entre as criaturas, tornou-se um dos assuntos mais debatidos na atualidade por sociólogos, psicólogos, religiosos em geral e pelos comunicadores em atividade na mídia em geral.

Não se pode falar em relacionamento humano sem que a família seja reconhecida como seu sustentáculo.

Acontece que, enquanto a urbanização da sociedade desmontou o antigo modelo familiar, a desmistificação do sexo e a libertação feminina compeliram e compelem os indivíduos a buscar novas formas de amor, para fundamentar o relacionamento familiar em horizontes mais amplos e compensadores.

As figuras do pai e da mãe entraram em revisão...

O casamento é questionado, quanto à validade, durabilidade e conveniência.

▶ Desníveis e desajustes como origem de dificuldades

Do inter-relacionamento de pessoas díspares surgem inúmeras dificuldades e para enumerá-las, tratando-se especificamente do casamento, vou citar alguns fatores que as causam.

Julgo oportuno desde já explicitar que nenhuma das minhas reflexões é regra fixa, mas associam-se todas às reações mais observadas pelos especialistas:

▶ Desníveis culturais

Não há entendimento entre uma pessoa que tenha grau de cultura e outra que não tenha. Mesmo bem intencionadas, bondosas, o convívio conjugal, profissional e social de tais pessoas será um gerador de conflitos, eis que o ser humano tem sua vivência edificada sob o alicerce daquilo que sabe. No campo cultural, assim, o encurtamento da distância entre o conhecimento e a ignorância, geralmente, dificulta sobremaneira a boa convivência.

▶ Desníveis socioeconômicos

A aproximação é por si mesma dificultada, porque, de início, os ambientes que frequentam não são os mesmos. Mesmo que o amor seja o traço de atração e de desejo de união entre duas pessoas de classes sociais distintas, há todo um envolvimento com os grupos familiares de ambas, sempre a construir barreiras para que tal união se consolide. É sabido que o meio ambiente exerce grande influência sobre o indivíduo e como poderia alguém de classe financeira inferior manter-se no nível de alguém pertencente à classe social mais elevada? E mesmo admitindo-se que aquele melhor posicionado, por amor, aceitasse a companhia da pessoa amada de nível social inferior, quem poderá garantir que os demais componentes do círculo alto terão o mesmo comportamento?

▶ Desníveis raciais

Sabemos nós, os espíritas, que cada pessoa já viveu várias existências e continuará a repetir essa experiência, até se libertar de todas as suas impurezas, quando então não terá mais necessidade das provações da vida corporal. Sabemos mais: nas existências anteriores, por certo terá percorrido vivências com a epiderme de várias cores – várias raças –, nada impedindo que volte a vivenciá-las novamente...

Acontece que nem todo o mundo é espírita...

Até mesmo algumas religiões opõem-se tenazmente a que pessoas de credos diferentes – o que vale dizer: de raças diferentes – se consorciem em casamento.

O mundo, infelizmente, ainda está cheio de preconceitos, e a cor da pele, desde os tempos primitivos vem sendo um dos vetores desse equívoco perante a igualdade de todos os homens, espíritos imortais, filhos do mesmo Pai!

Quando as pessoas se conscientizarem de que o que vale não é a cor da pele, mas a sintonia de duas almas, não mais discriminarão diferenças externas.

▶ Desníveis etários

Aqui teremos desajustes biológicos a perturbar a boa convivência do casal.

O cônjuge mais velho, muitas vezes já está cansado de coisas que ainda atraem ao mais novo, e impossibilitado fisicamente de acompanhá-lo. Assim, já podemos vislumbrar uma convivência fracionada. Ademais, no caminhar inexorável do tempo, não há como administrar a diferença significativa de idade, pois não podemos negar que o envelhecimento reduz o vigor físico e disso resultará que, no mais das vezes, os ritmos das atividades físicas serão diferentes, tendo que haver uma enorme dose de renúncia do mais novo, em favor do mais velho. A questão é: até quando isso acontecerá?

▶ Desajustes sexuais

Na formação moral das pessoas há grandes diferenças de concepção sobre o sexo, considerando-o umas como gerador exclusivo de prazer, ao passo que outras só o admitem se associado ao amor – o que endosso, acrescentando responsabilidade.

Particularmente, entre um casal, um fator decisivo para a eclosão de sérias dificuldades é a presença dessa diferença concepcional (sem trocadilhos).

Na ocorrência do adultério, de um ou dos dois cônjuges, há sempre combustível farto para um mau relacionamento sexual entre eles, decorrente, em primeiro lugar, do desinteresse (atração de um pelo outro), seguido de um sentimento de culpa que cedo ou tarde eclodirá na consciência do adúltero.

Sabido é que o sexo tem toda a sua usinagem psicofísica na mente, e assim, aquele que a tem turvada, ou pelo menos alterada, não será agora o parceiro que foi um dia, e essa perda promoverá sérias crises entre o casal.

Já disse, quando tratei da família, que o sexo do casal pressupõe atração física e de almas, seguida de prazer também físico e afetivo, que são os componentes do amor.

▶ Desníveis de consciência

A maneira de encarar a vida espelha a consciência das pessoas e, dessa forma, se um casal "vê o mundo, cada um em janelas diferentes", certamente sua união estará sujeita a não se consolidar.

A formação moral de cada indivíduo dá-lhe um parâmetro e, se o consorte tiver outro parâmetro, os conflitos emergirão em quase todas as situações de vida, pois há sempre necessidade de julgamento e decisão, para tudo que fazemos.

Por isso, há necessidade de um denominador comum quanto à forma de ajuizar tudo aquilo que acontece ao redor do casal. Traduzindo essa necessidade, podemos dizer, seguramente, que quanto mais sintonia moral houver entre duas almas, maiores serão as chances dessa união prosperar em todos os campos a que, em conjunto, se dedicarem.

É sabido que 89% dos nossos atos são dirigidos pelo *inconsciente*.

Inconsciente, aqui, pode e deve ser considerado a somatória das nossas experiências, dos nossos aprendizados, expressando-se quase sempre de forma inesperada, cada vez que um fato novo se antepõe à nossa rotina.

▸ Considerações espíritas

Leciona-nos a Doutrina dos Espíritos que Deus – o Criador Supremo –, não cessa jamais de criar, e isso já nos dá margem de raciocínio para entender com clareza meridiana o porquê de tantos disparates de personalidade e de caráter das pessoas. É que alguns espíritos são mais velhos do que outros, tiveram mais tempo para vivenciar multiplicadas experiências em incontáveis vidas, esforçaram-se no bem, daí advindo sua atual superioridade moral. Outros espíritos, ao contrário, podendo até mesmo ter sido criados antes daqueles, teimaram em viver afastados das Leis Morais, daí resultando, hoje, sua relativa inferioridade moral.

Podemos afirmar que nos dias atuais o Espiritismo, mais do que qualquer outra doutrina, oferece valiosos subsídios à compreensão dos momentos pelos quais estamos passando. E mais: oferta-nos instrumentos de análise da vida, tais como a imortalidade da alma, a reencarnação e a visão evolucionista do ser.

Contudo, como o Pai sempre quer a felicidade dos Seus filhos, mesmo e principalmente dos perversos, colocou no coração de todos a semente do amor. E é assim que no mundo, vemos tantas pessoas boas a conviver com outras nem tanto...

Jesus, o Grande Terapeuta, conhecendo a natureza humana, não cessava de recomendar o "Vigiai e orai", não estabelecendo nem quantidade, nem horário para tal postura preventiva.

Das reações inesperadas e da nossa falta de controle das emoções provêm as nossas limitações, quer no campo das ações materiais, quer em relação aos nossos sentimentos, permanentemente gerando pensamentos, cujo substrato são indelevelmente arquivados na memória espiritual.

Na rotina diária, num segundo podem aflorar emoções que são fruto maduro de vidas e vidas acumuladas, fruto esse expresso em nossas reações, refletindo nuanças recônditas, ditas *inconscientes*.

Assim, que ninguém se espante quando uma pessoa, de repente, agir de forma a mudar todo o panorama de uma ou mais vidas inteiras...

Divórcio

▶ Histórico

O divórcio existe há muitos séculos nas sociedades tipicamente patriarcais.

Geralmente, assumia a forma de *repúdio*, isto é, de rejeição da mulher de quem se pretendia divorciar.

Isso ocorria com os hebreus e os muçulmanos.

Percorrendo a História, podemos verificar que em praticamente todas as civilizações havia o instituto do divórcio, necessariamente com desfecho prejudicial à mulher.

Vamos fazer pequena parada no tempo de Jesus...

Grande multidão o seguia. Vieram os fariseus, decididos a tentá-lo.

Mateus, o Evangelista, assim registrou o diálogo que se seguiu (Mt., 19: 3-9):

– É lícito que um homem se divorcie de sua esposa por qualquer motivo?

– Não leste que aquele que os criou desde o princípio os fez macho e fêmea e disse: por essa razão deixará o homem seu pai e sua mãe e se apegará à sua esposa, e os dois serão uma só carne? De modo que não são mais dois, mas uma só carne. Portanto, o que Deus pôs sob o mesmo jugo, não o separe o homem.

– Então por que prescreveu Moisés que se desse um certificado de repúdio e que ela fosse divorciada?

– Moisés, por causa da dureza dos vossos corações, vos fez a concessão de vos divorciardes de vossas esposas, mas este não foi o caso desde o princípio. Eu vos digo que todo aquele que se divorciar de sua esposa, exceto em razão de fornicação, e se casar com outra, comete adultério.

Nota: Convém lembrar, antes de julgamentos precipitados das palavras do Cristo, a magistral solução dada por ele ao caso da "mulher adúltera"...

*

▶ Preceito legal

O divórcio é o ato jurídico pelo qual se dissolve o casamento.

Efetiva-se, na maioria das legislações do Ocidente, por sentença de juiz competente. Essa separação judicial põe termo aos deveres de coabitação, fidelidade recíproca e ao regime matrimonial de bens, como se o casamento fosse dissolvido.

A decretação jurídica do divórcio que porá termo ao casamento ou aos seus efeitos civis, será concedida após prévia separação judicial por mais de um ano nos casos expressos em lei, ou se for comprovada separação de fato por mais de dois anos.

Nota: No direito brasileiro não existe mais o instituto do *desquite* (amigável ou judicial).

Não há impedimento legal para que as pessoas divorciadas se casem novamente.

▶ Preceito católico

A Igreja Católica não admite o divórcio, já que encara como sendo válido apenas o casamento religioso, que não assume forma de contrato, pois é um *sacramento*.

▶ Visão espírita

O divórcio é lei humana que tem por objetivo separar legalmente o que já, de fato, está separado. Não é contrário à lei de Deus, pois que apenas reforma o que os homens hão feito e só é aplicável nos casos em que não se levou em conta a lei divina. (*O Evangelho Segundo o Espiritismo*, Allan Kardec, cap. 22)

"Imperioso reconhecer – e nisso reside a seriedade do problema – que a separação representa uma transferência de compromissos para o futuro, em regime de débito agravado, sempre que os filhos ou os próprios cônjuges venham a comprometer-se em desajustes e desequilíbrios diretamente relacionados com a desintegração do lar." (*A Voz do Monte*, Richard Simonetti)

O Espírito Emmanuel, em *Vida e Sexo*, cap. 8, dissertando sobre o divórcio, oferta-nos considerações cuja profundidade, a meu ver, somente poderiam se originar de alguém com abençoada bagagem de luz.

Vejamos algumas dessas considerações:

✔ Acaso?...

Partindo do princípio de que não existem uniões conjugais ao acaso, o divórcio, a rigor, não deve ser facilitado entre as criaturas.

É clara a opinião do benfeitor espiritual, quanto à manutenção do casamento.

✔ Compromissos adiados...

...A sabedoria divina jamais institui princípios de violência, e o espírito, conquanto em muitas situações agrave os próprios débitos, dispõe da faculdade de interromper, recusar, modificar, discutir ou adiar, transitoriamente, o desempenho dos compromissos que abraça.

Agora, credita ao livre-arbítrio do cônjuge modificar seu estado civil...

✔ Casamento: palco de ajustes

Em muitos lances da experiência, é a própria individualidade, na vida do espírito, antes da reencarnação, que assinala a si mesma o casamento difícil que faceará na estância física, chamando a si o parceiro ou a parceira de existências pretéritas para os ajustes que lhe pacificarão a consciência.

Reafirma Emmanuel o compromisso conjugal assumido antes da reencarnação...

✔ Atavismo

Por vezes, o companheiro ou a companheira voltam ao exercício da crueldade de outro tempo, seja mediante menosprezo, desrespeito, violência ou deslealdade...

Emerge o mesmo comportamento equivocado de antanho... Daí...

✔ Medida extrema

Compelidos, muita vez, às últimas fronteiras da resistência, é natural que o esposo ou a esposa, relegado a sofrimento indébito, se valha do divórcio por medida extrema contra o suicídio, o homicídio ou calamidades outras que lhes complicariam ainda mais o destino.

Emmanuel acena com o divórcio como sendo preferível a atos mais graves...

✔ Quando a separação é bênção

"Nesses lances da experiência, surge a separação à maneira de bênção necessária, e o cônjuge prejudicado encontra no tribunal da própria consciência o apoio moral da autoaprovação para renovar o caminho que lhe diga respeito, acolhendo ou não nova companhia para a jornada humana".

A ênfase da decisão como sendo estritamente de foro íntimo, bem como novo consórcio, evidencia que a consciência será sempre o juiz da decisão...

✔ O divórcio não conta com o estímulo espírita

"Óbvio que não nos é lícito estimular o divórcio em tempo algum, competindo-nos tão somente, nesse sentido, reconfortar e reanimar os irmãos em lide, nos casamentos de provação".

O Instrutor declara que jamais estimularia o divórcio. E arremata:

✔ Providência humana, compreensível e justa

"O divórcio, pois, baseado em razões justas, é providência humana e claramente compreensível nos processos de evolução pacífica".

Sexo

▶ Do primitivismo aos tempos modernos

✔ Primitivamente, o sexo era instrumento de gozo, puro e simples.

Resultante: fecundações sem maiores cuidados.

✔ Nas civilizações passadas, o sexo foi campo farto de paixões exorbitantes.

Resultante: queda de grandes Impérios, pela corrupção dos costumes e hábitos, desagregando sociedades.

✔ Com a instauração da Igreja Romana, o sexo tornou-se adversário a ser destruído a qualquer preço.

Resultante: sucessivas ondas de crimes contra a humanidade.

✔ Com o advento do Puritanismo, a moral tornou-se uma aberração.

Resultante: uniões sem amor, sob imposição, com funestos resultados.

✔ Na chegada da Psicanálise ao mundo, no início do século 20, por meio dos estudos de Freud, encontramos o sexo submetido a um exame vigoroso, sério, indo às nascentes do comportamento histérico ou normal dos seus pacientes, muitos deles, senão todos, neuróticos e psicóticos, que desfilavam, desfigurados, em sua clínica.

Resultante: combatido pelos moralistas de plantão, Freud transferiu para a libido a responsabilidade de quase todos os problemas humanos, acenando com a presença do sexo em tudo.

✔ "Civilização de consumo" (dias atuais): o que se vê é o abandono total do recato.

Resultante: desgaste do valor real do sexo, amesquinhando-se e embrutecendo-se; transsexualismo e homossexualismo são anormalidades, atávicas ou não, que desfilam pelas ruas e pelos meios de comunicação, sem que nenhuma voz oficial se levante contra o exibicionismo de criaturas que merecem o nosso respeito, mas que, por sua vez, também devem respeitar aqueles com os quais convivem em sociedade.

*

▶ Visão espírita

"O sexo se define por atributo não apenas respeitável, mas profundamente santo da Natureza, exigindo educação e controle.

Através dele dimanam forças criativas, às quais, devemos, na Terra, o instituto da reencarnação, o templo do lar, as bênçãos da família, as alegrias revitalizadoras do afeto e o tesouro inapreciável dos estímulos espirituais.

Sintetizemos todas as digressões sobre sexo nas normas:

✔ não proibição, mas educação;

✔ não abstinência imposta, mas emprego digno, com o devido respeito aos outros e a si mesmo;

✔ não indisciplina, mas controle;

✔ não impulso livre, mas responsabilidade;

✔ fora disso, é teorizar simplesmente, para depois aprender ou reaprender com a experiência." (*Vida e Sexo*, Introdução e cap. 1, Emmanuel, psicografia de Francisco Cândido Xavier, RJ: FEB, 1990, 11ª Ed.)

Alerta!: "A sexualidade, sendo porta de santificação para a vida, altar de preservação da espécie, é também, veículo de alucinantes manifestações de mentes atormentadas, em estado de angústia pertinaz. Através dele, sintonizam consciências desencarnadas em indescritível aflição, mergulhando, em hospedagem violenta, nas mentes encarnadas, para se demorarem em absorções destruidoras do plasma nervoso, gerando obsessões degradantes". (*Nos Bastidores da Obsessão*, Manoel P. Miranda, psicografia de Divaldo Franco, RJ: FEB, 1976, 2ª Ed.)

Planejamento familiar

▶ Ato da vontade

O controle da natalidade é válido na programação da vida do casal e da família. É um ato da vontade, que deve ser decidido e assumido conscientemente pelo casal, pois de tal decisão resultam repercussões específicas.

▶ Filho amado

Para que a maternidade e a paternidade alcancem o sentimento pleno de realização, o filho há que ser fruto de um ato deliberado, desejado e emoldurado pelo amor.

Visão espírita

▶ Caminhos a percorrer

O Espiritismo não poderia condenar o planejamento familiar, mas também não pode sancioná-lo *a priori*; ao contrário, induz o casal à postura racional, informando-o que, via de regra, nos casamentos há sempre o componente reflexivo do passado. Isso quer dizer que filhos serão quase sempre a manifestação direta ou indireta de caminhos que devem ser percorridos, em razão e em consequência de vidas passadas.

*

▶ Planejamento terreno e planejamento espiritual

Diz mais a Doutrina dos Espíritos: o planejamento familiar, no âmbito terreno, quase sempre é espelho do planejamento espiritual, este, elaborado no plano maior, sob orientação de espíritos bondosos e competentes. Esse planejamento espiritual, em alguns casos, antecede até mesmo o nascimento dos futuros pais...

O planejamento familiar deve ser assumido, de preferência, após reflexões:

✔ evangélicas e redobradas preces, para captar a orientação e o apoio dos amigos espirituais, sempre prontos a atender às rogativas sinceras e justas;

✔ equacionamento referente às possibilidades materiais, conveniências e oportunidade da chegada do filho.

▶ Reflexões e preces antes da decisão

Assim, o planejamento familiar deve sempre ser o resultado de uma análise profunda, entremeada de preces aos bons espíritos, solicitando-lhes a intuição da melhor decisão.

Finalizando, o que jamais (jamais!) pode acontecer, é a prática do aborto, se porventura uma gravidez surpreender ao casal que não a desejava...

As leis da natureza contemplam a vida (existência terrena) como a primeira e maior de todas as incontáveis bênçãos divinas para a criatura.

Subtrair essa bênção a um espírito destinado à reencarnação é posicionar-se contrário a essa bênção – verdadeiro crime de consciência e que coloca os responsáveis em rota de colisão com a decisão do Criador.

Conquanto na maioria dos casos não apenas a gestante seja responsável pelo aborto, ela é que será a maior prejudicada por isso, pois pela Lei de Causa e Efeito (Ação e Reação), estará provocando em si mesma a instalação de pré-disposições patológicas em todo o seu centro genésico. Cedo ou tarde o arrependimento a visitará, seja por conscientização do mau ato ou em decorrência dos reflexos perispirituais e somáticos que passará a registrar em sua existência.

Quanto a esse espírito que vê frustrada a expectativa de uma nova oportunidade de existência terrena (o abortado), dificilmente deixará de se transformar em algoz de quem tanto o magoou. Daí a se instalar processo obsessivo, entre as partes e de longo curso, um passo...

A família: crises e problemas (reflexões de solução, à luz do Espiritismo)

As famílias formam a humanidade e são, das associações humanas, aquelas que detêm maior importância para o progresso, individual e coletivo, pois sua mais importante função é de ordem regenerativa e educadora.

Quando dois seres de sexos opostos se congregam num mesmo ideal, irmanados pelo afeto, consorciando suas vidas, formam uma família, daí surgindo o lar.

Assim, o reduto familiar, o lar, é uma organização de origem divina, na qual criaturas, inicialmente o casal, depois, quase sempre em número maior, os filhos, aprendem a conviver coletivamente, em harmonia, aprendem a se tolerar, a se perdoar, enfim: a amar.

É nesse ninho doméstico que se apresentarão dificuldades de toda monta à paz de seus integrantes – na maioria das vezes cobradores implacáveis diante de devedores perplexos, eis que os comprometimentos das vidas passadas se fazem presentes, daí podendo eclodir crises e problemas a todo instante.

E é o que geralmente acontece...

– Por que?

– Porque somos todos réprobos em difíceis tratos de reconstrução moral, imaturos espirituais de tantos e tantos tempos, acumulando equívocos ante a lei do amor, ofendendo a muitos e assim colecionando mais e mais inimigos. Agora, somente a bondade do Pai, por intermédio do instituto da família, possibilita-nos os reajustes necessários, a par do resgate dos débitos de antanho...

Sem a pretensão de ajuizar a solução para os difíceis embates surgidos na intimidade das paredes de um lar, elencarei a seguir algumas reflexões ofertadas pelos mensageiros benevolentes e sábios que se debruçam a nos orientar com as proposições da Doutrina Espírita, em sua função de Consolador prometido ao mundo pelo Cristo de Deus.

Definindo os termos...

De início, vou definir o que significam as palavras "crises" e "problemas", de forma a construir pequeno mas eficiente alicerce ao entendimento daquilo que pretendo edificar no campo da problemática advinda do convívio familiar:

*

▶ Crise: momento perigoso ou difícil de uma evolução ou de um processo; período de desordem acompanhado de busca penosa de uma solução. Exemplo: crise familiar;

▶ Problema: conflito afetivo que influi no equilíbrio psicológico do indivíduo. Exemplo: falta de dinheiro. (*Grande Enciclopédia Larousse Cultural*)

Não será difícil concluirmos que a crise geralmente surge após algum tempo de convivência, causando desconforto e o desejo de eliminá-lo; já o problema, que pode eclodir inesperadamente, embora muito semelhante à crise, afeta mais particularmente ao íntimo da criatura, alterando-lhe o equilíbrio psíquico.

A crise, de modo geral, é sempre decorrente de equívocos comportamentais praticados na atual existência, cujo impulso está arraigado no espírito e aflora com as tendências vindas de existências passadas. Com isso, quero dizer que as crises não precisam eclodir, necessariamente. Eis que os agentes podem controlar os impulsos que as detonariam. Em outras palavras, nós deixaríamos de provocá-las, se realizássemos a autorreforma espiritual...

Já o problema, que pode ter sido gerado hoje, às vezes admite também causas atávicas: provação ou expiação. Assim, determinadas ocorrências, ao contrário de todas as crises, são mesmo inevitáveis. Exemplo: deficiências físicas congênitas, acidentes graves etc.

É realmente sutil a fronteira que separa um acontecimento do outro, merecendo reflexões demoradas, para que cada pessoa envolvida, num ou noutro, entendendo-o à luz dos ensinamentos espíritas, possa adequar o melhor procedimento, visando a sua erradicação, sem maior comprometimento, isto é, sem acrescentar novos débitos àqueles cujas consequências já emergiram.

Sim: a ninguém escape a certeza plena da justiça divina, segundo a qual um inocente jamais sofrerá ônus indevido, de outrem, senão o próprio. Assim, ninguém deixará de quitar o que deve, cedo ou tarde, pois o juiz de cada ato é a consciência do devedor, que mantém constante sinalização da necessidade da retificação do erro, para seu progresso moral.

Allan Kardec, em *O Livro dos Espíritos*, questão nº 459, indagou aos espíritos de ordem elevada, obtendo como resposta:

"Os Espíritos influem sobre nossos pensamentos e ações?

– A esse respeito, sua influência é maior do que podeis imaginar. Muitas vezes são eles que vos dirigem".

A meu ver, essa é uma das principais questões filosóficas levantadas por Kardec, pois serve de poderosa vacina mental para que cada um de nós tenha redobrado cuidado ao dizer alguma palavra ou agir...

Em decorrência, como combustível das dificuldades humanas, teremos sempre que examiná-las com vistas no Além, a fim de evitarmos os complicadíssimos e dolorosos processos obsessivos.

Há mais: em multiplicados momentos veremos que as crises geram problemas e, em contrapartida, serão estes a geratriz daquelas.

Para podermos melhor entender isso, vejamos a seguir alguns exemplos de momentos difíceis: crises e problemas especificamente no ambiente familiar, vivenciados por um ou pelos dois cônjuges e/ou por toda a família:

Crises (superação)

▶ Embriaguez: "o álcool, que destrói milhares de criaturas, é veneno livre, onde quer que vá, e, em muitos casos, quando se fantasia de champanha ou de uísque, chega a ser convidado de honra, consagrando eventos sociais. Escorrega na goela de ministros com a mesma sem-cerimônia com que desliza na garganta dos malandros encarapitados na rua. Endoidece artistas notáveis, desfibra o caráter de abnegados pais de família, favorece doenças e engrossa a estatística dos manicômios; no entanto, diga isso num banquete de luxo e tudo indica que você, a conselho dos amigos mais generosos, será conduzido ao psiquiatra, se não for parar no hospício". (*Cartas e Crônicas*, capítulo 18, Irmão X, psicografia de Francisco Cândido Xavier, RJ: FEB, 1991, 8ª Ed.)

Superação: O vício não pode ser dono do indivíduo, a ponto de escravizá-lo, pois é sabido que nenhum viciado desconhece os malefícios causados por ele (o vício). Assim, a vontade, qualidade eterna que todo espírito traz em si mesmo, terá que imperar e vencer o desafio. Claro que não é tarefa a ser realizada sozinho, devendo contar com o apoio sincero e compreensivo dos familiares e amigos, a iniciativa de querer abandonar o vício e promulgar os esforços necessários, contudo, é tarefa intransferível, única e exclusivamente do viciado.

Há citações na literatura espírita, mediúnica ou não, dando conta de que os alcoólatras, na maioria, se não todos, têm "sócios" do Além, o que caracteriza obsessão. Nesse foco, aconselhamento doutrinário para ele será de grande valia, para libertá-lo dessa verdadeira escravidão.

Esgotadas todas as tentativas de apoio, sem resultado, a par de descaso permanente com o aconselhamento, o cônjuge, ainda e sempre agindo com amor, por decisão decorrente de reflexões e preces, deverá providenciar tratamento especializado para o alcoólatra.

Uma alternativa muito positiva será induzir (e, se puder, conduzir) o viciado a frequentar grupos de apoio, tais como os AAA (Associação dos Alcoólicos Anônimos), que tantos benefícios têm prestado a incontáveis criaturas cativas do álcool.

▶ Toxicomania: é um vício e, como tal, nele aplicam-se os conceitos referidos acima, relativos à embriaguez.

Mais adiante exporei reflexões detalhadas sobre "a família e as drogas".

▶ Tabagismo: *Idem.*

▶ Infidelidade conjugal: diante do fato comprovado, em que o amor-próprio daquele que se julga traído esteja a exigir drásticas providências, nunca será demais buscar solução pacífica no diálogo franco. Pode ser, nesse contexto, que venham à tona as causas que tenham levado o adúltero a proceder desse modo, e, uma vez diagnosticadas, podem ser eliminadas, cessando o mau comportamento.

Superação: perdoar é decisão de foro íntimo daquele que esteja magoado, mas é a que o *Evangelho* de Jesus recomenda. Naturalmente, providências de ordem física devem ser realizadas, visando à manutenção da saúde, que pode estar sendo colocada em risco, diante das relações extraconjugais do parceiro.

- Conduta criminosa: crise grave ocorrerá num lar quando vier à tona que um familiar (cônjuge ou filho principalmente) é um criminoso; todos, sem exceção já estarão expostos a riscos, pois a violência é parceira inseparável do crime.

Superação: na intimidade da família, o perdão, como sempre, deve nortear as decisões e as providências necessárias para evitar mal maior. De forma alguma deverá haver acumpliciamento, mas deve ser levado em conta que condenar o criminoso, em primeira análise, é atribuição da Justiça.

Não condenar, porém, não significará concordar.

Aquele que está em erro deverá ser paciente e exaustivamente aconselhado a deixar o crime. Se depois de multiplicados apelos não se mostrar propenso a "mudar de vida", aí já estaremos diante de uma situação "de fato", podendo ter como solução uma decisão "de direito". Como sempre, o norte terá que ser encontrado com prudência, sempre com o amparo da prece aos protetores espirituais.

*

▶ Ciúmes: No ciúme encontraremos a causa, na maioria das vezes, das crises conjugais. Se há o componente da infidelidade, embora explicado, ainda assim não se justifica. Ciúme, via de regra, significa falta de confiança em si mesmo. Pode ter origem remota, em situações nas quais o ciumento viu-se preterido, talvez tenha sido uma criança que viu chegar o irmãozinho que passou ser alvo de todas as atenções da família. Outras vezes, nem sempre, crianças de três a quatro anos manifestam ciúmes dos pais: os meninos, da mãe e as meninas, do pai – situação dos Complexos de Édipo (freudiano) e de Electra (junguiano); num e noutro caso, esse sentimento pode permanecer inconsciente e aflorar anos mais tarde, já na fase adulta.

Em rápidas palavras, cito notas sobre esses dois "complexos":

✔ Complexo de Édipo

Sigmund Freud (1856-1939), considerado o "pai da Psicanálise", aos vinte e seis anos forma-se em Medicina e vai trabalhar vários anos numa clínica infantil. Nessa fase, desenvolveu o processo de autoanálise, vindo a teorizar sobre o que denominou "Complexo de Édipo", fase infantil do desenvolvimento de todos os rapazes, caracterizada por um amor profundo pela mãe e um ódio ao pai (Édipo, segundo a mitologia grega, matou involuntariamente o pai e casou com a mãe). Freud registrou que normalmente ocorre interdição espontânea ao incesto, mas tal não impede que surja a essência de neuroses. Convenceu-se que o Complexo de Édipo se instala na criança entre os 3 e 5 anos de idade e tende a desaparecer durante o "período de latência", que vai do período do desenvolvimento psicossexual infantil, aproximadamente dos 5 anos de idade, até a pré-adolescência.

Diz-nos a Psicanálise que é durante o período de latência que as aquisições da sexualidade infantil ficam reprimidas.

✔ Complexo de Electra

O *Complexo de Electra* seria o "complexo de Édipo feminino", na terminologia de Carl Gustav Jung (1875-1961), discípulo de Freud. A expressão é utilizada para explicar a realidade psicológica de algumas mulheres das sociedades urbanas modernas que, sentindo a perda de uma relação infantil com o pai, não conseguem preencher o vazio emocional deixado por essa perda, passando a viver socialmente isoladas, retraídas e com dificuldades nos relacionamentos amorosos.

Além disso, sentem profundas dificuldades em representar os papéis femininos da maternidade, matrimônio etc., e em estabelecer relacionamentos sérios e profundos, apresentando uma agressividade contra o sexo masculino.

Segundo Jung, no *Complexo de Electra* não existiria o impulso sexual reprimido, que caracterizaria o incesto em potencial como Freud teorizou, quanto ao *Complexo de Édipo*.

Obs.: Na mitologia grega, Electra induziu Orestes, seu irmão, a matar Clitemnestra, sua mãe, a qual, com ajuda de Egisto, havia assassinado o pai deles, Agamenon.

Superação: como o ciúme é um sentimento altamente negativo e prejudicial à paz do casal, o primeiro passo é reconhecer essa verdade. Então, será sempre aconselhável buscar amparo na prece sincera, na certeza de que jamais deixará de receber o auxílio do plano maior, no sentido de libertar-se.

▶ Violência: algumas pessoas, quando irritadas, não se dominam e reagem com violência; o pior é que irritam-se com facilidade... ora é uma refeição que ainda não ficou pronta, um objeto pessoal fora do lugar, um filho que chora etc. Esse comportamento lembra muito da animalidade, estado em que impera a lei do mais forte, daquele que ruge... Ainda que mal comparando, seria o mesmo que um mecânico resolver todos os problemas dos seus clientes com uma marreta...

Superação: aqui, mais do que nunca, é preciso que o outro cônjuge seja o fator moderador, assim como o grafite impede a energia atômica de levar tudo pelos ares...

Obs.: O grafite (variação de *grafita*) é um mineral largamente usado nas usinas nucleares pelas suas propriedades moderadoras da fissão nuclear – divisão de um núcleo atômico pesado, com liberação de energia –, com o que impede reação explosiva em cadeia, tal como acontece com a bomba atômica.

Quase sempre, na raiz de todo ato violento, encontraremos o *argumento do mais forte*, isto é, ter *razão à força*, quando justamente é a *força da razão* que torna forte a alguém. A pacificação de um violento é trabalho meritório aos olhos de Deus, sendo certo que ninguém está morando no endereço errado...

A permanecer a violência, esgotadas as providências de paz e sob risco de danos físicos, melhor será que não haja convivência, de comum acordo, ou sob proteção da lei civil.

▶ Ausência prolongada do lar: eis aqui um fator que desencadeia uma série de crises, desde a insegurança familiar, como um todo, como, ademais, a falta de apoio ao parceiro e aos filhos. Há ausências decorrentes de circunstâncias profissionais, as quais não devem perdurar. Outras ocorrem por irresponsabilidade, sendo a família substituída por companhias nos bares, nos esportes, por exagerada permanência no trabalho etc.

Quando motivada tal ausência pela infidelidade, não é agradável a um cônjuge saber que seu parceiro está em companhia de outrem, quando poderia estar no lar, fazendo companhia à família. Num ambiente desses, não é raro que os filhos se desencaminhem nos rumos da vida e que o cônjuge que se sinta preterido, desenvolva outros interesses, não necessariamente passionais, mas de forma a desvanecer o clima de afeição que precisa existir.

Superação: dialogar com o parceiro, expondo com calma, confiança e sinceridade, os prejuízos morais resultantes: frustração afetiva decorrente da sua ausência da casa, não acompanhamento da educação filial, clima de insegurança que se instala etc. Argumento forte, capaz de fazer cessar as ausências, será demonstrar àquele que se ausenta como faz falta e o quanto é querido.

*

▶ Desinteresse sexual (muito comum nos casamentos ou uniões sem amor...)

O componente aqui é de ordem muito íntima e por isso as causas devem ser buscadas no relacionamento do casal.

Superação: várias podem ser as origens desse desinteresse, variando desde sobrecarga de problemas profissionais, financeiros e até mesmo por causa patológica. O apoio do outro cônjuge é fundamental para que tais arestas do relacionamento sejam eliminadas. A infidelidade não pode ser excluída, mas também não deve considerada como causadora principal, única.

▶ Neuroses ou psicoses: esses são quadros tristes e que muito amiúde são corrosivos quando se instalam num lar, levando, não raro, a pessoa que procede desse modo, a contaminar os demais membros da família.

As neuroses foram consideradas como reações vivenciais anormais, diferenciando-se das reações vivenciais normais, aquelas em que a resposta sentimental tem motivação e sentido exato, tal qual acontece, diante de algum fato, o desencadeamento de reação de medo, tristeza, cólera etc.

"A neurose compulsiva revela a existência de impulso desmedido para fazer algo absurdo.

A neurose fóbica é caracterizada por desarrazoado medo diante de certas situações, com constante deflagração sintomatológica na zona física.

A neurose obsessiva instala-se sob intenso e tormentoso pensamento que não abandona o indivíduo.

O neurótico é por natureza inseguro... é, por excelência, o grande amedrontado, em constante fuga, perdendo a segurança do Eu." (*Visão Espírita nas Distonias Mentais*, cap. 3, Jorge Andréa dos Santos, RJ: FEB, 1992, 3ª Ed.)

Superação: como quase sempre o quadro expõe uma deficiência de ordem psíquica, por vezes com reflexos negativos orgânicos, com o agravamento de influência espiritual obsessiva, nunca será demais a prudência de buscar lenitivo nas duas frentes: na Medicina, na parte de psicologia clínica, e no centro espírita, por meio da fluidoterapia, evangelização, engajamento em tarefas assistenciais etc.

▸ Falta de diálogo: há casais e famílias que convivem em aparente harmonia, ali não se ouvindo ninguém erguer a voz, ninguém nunca perder a calma, dando a impressão que é a moradia da paz... Na intimidade, o que se observa, quase sempre, é ausência total de comunicação, sendo que cada membro da família vive num mundo íntimo de pensamentos e reflexões jamais externados. Considerando que o ser humano é por natureza social, o que se pode deduzir é que, na verdade, ninguém de tal ambiente é feliz, trazendo ocultos em si sonhos desfeitos, desilusões, mágoas não confessadas... Partindo-se da premissa que viver é relacionar-se, essa paisagem é desoladora, como se um quadro fosse exposto, tendo a tela virgem, emoldurada por belíssima moldura...

Superação: na raiz desses problemas, há o componente do casamento por interesse; atenções, afetos e participação de curta duração. A alternativa mais adequada nos parece derrubar a terrível barreira desse falso silêncio, pois é quase certo que na alma de cada membro familiar, sentimentos estejam trovejando. A conversa, aqui, não pode ser formal: há que ser temperada com doação afetiva, aliada à busca sincera da felicidade relativa que todo ser humano tem direito a usufruir junto à família.

Citei algumas crises.
Vejamos agora alguns problemas.

Problemas (atitudes para resolvê-los)

▶ Desemprego: quando o cônjuge que responde pela manutenção do lar é despedido, sem que tenha dado motivo a tal dispensa, a família está diante de grave situação. Não será demais recordar que "Deus não põe cruz em ombro errado", e assim, essa é uma dura passagem da vida, que tanto pode ser uma expiação, quanto uma provação.

Atitude: Não perder a fé em Deus, jamais, será conduta primeira, na busca da solução. Deve ser considerado que um posicionamento psíquico negativo é fator impeditivo de sucesso. Trocando em miúdos: se o desempregado se desespera, se revolta, chegando até mesmo à blasfêmia, é certo que afastará de si os bons conselhos dos amigos espirituais, que em todas as circunstâncias tentam nos ajudar, principalmente nos momentos de dificuldades. Contudo, se o despedido mantiver viva a chama da esperança, aliando às preces com pedidos de boas intuições, um energico ânimo na busca de nova colocação profissional, de uma forma ou de outra seu intento prosperará, porque trabalhar é Lei de Deus. Deus o quer!

▶ Falta de dinheiro: podem ser consideradas as mesmas vertentes do problema do desemprego com pequena variação.

▶ Doenças em família: esse quadro é um dos mais aflitivos, pois além de causar grande comoção, diante da dor do ser querido, também ocasiona graves tumultos na ordem geral do lar. Quase sempre a doença é acompanhada de gastos financeiros acima das posses, o que gera outro problema... A deficiência da assistência à saúde, dependendo do local em que viva a família, é motivo de desespero, se não houver um controle psíquico muito grande. E o desespero, todos sabemos, tem a triste propriedade de complicar as coisas, dificultando a solução.

Atitude: além de providenciar socorro médico, o responsável pelo lar, ou o parente mais próximo, que esteja saudável, tem o dever e o compromisso moral de aplainar as inevitáveis arestas decorrentes da doença. Ninguém foge dos resgates que a vida coloca à sua frente, e tal entendimento deve nortear aquele que está no leme da busca da cura ao familiar enfermo. Se não está diante de um resgate, com certeza está diante de uma excelente oportunidade de adquirir méritos espirituais, que certamente muito irão ser-lhe úteis, à frente da sua própria existência... Quanto aos demais familiares, na medida de suas posses e de tempo, deverão cooperar com as despesas médicas e ainda aliviar o responsável, assumindo períodos de tratamento do enfermo.

▶ Filho-problema: quando um filho traz sobrecarga de problemas para os pais, existem duas possibilidades para explicá-lo. Ou é alguém que no passado foi prejudicado por esses mesmos pais ou então é um ser que a providência colocou à mão de uma possível recuperação moral, num lar descompromissado quanto ao passado, mas voluntário ao reerguimento desse espírito.

No primeiro caso, diante do cobrador implacável, revoltado, descontente com tudo que se lhe ofereça, insensível aos bons conselhos paternais, comportando-se de forma social equivocada, temos que os pais cumpriram e estão cumprindo seu dever, diante da responsabilidade outorgada por Deus. Os pais estarão quitando seu débito, ao passo que a desobediência filial trará frutos amargos para seu autor.

Atitude: não há outra, a não ser o entendimento de que se está diante de quitação de dívidas ou de um compromisso recuperador.

No primeiro caso, quem paga e sabe porque está pagando não tem motivos para se desesperar, tendo, sim, motivos para agradecer a Deus tal oportunidade.

No segundo caso, diante da responsabilidade de recuperar o filho-problema, nada melhor do que a persistência dos bons conselhos, dos bons exemplos, da proteção de vida, e muitas preces, no sentido de que ele mude de comportamento.

O exemplo moral elevado, em qualquer dos casos, é força incomparável para domar a intransigência filial.

▶ Homossexualismo: na contingência de irromper dentro de uma casa, duas hipóteses podem se apresentar:

✔ o cônjuge, homossexual, até então vinha disfarçando tal prática, mantendo conduta sexual dupla;

✔ o(a) filho(a) evidencia tal tendência, agindo dentro do comportamento sexual fora dos padrões.

Atitude: em ambos os casos, dolorosos, duas condutas devem nortear a administração de tão complicada descoberta:

✔ no caso do cônjuge, a decisão do que fazer terá mesmo que ser de inteira responsabilidade do parceiro heterossexual; como sempre, a diretriz espírita para aqueles que têm problemas a solucionar é o aconselhamento, e, antes de mais nada, a oração; de qualquer forma, com ou sem separação, embora difícil, melhor será perdoar do que condenar...

✔ quanto ao(s) filho(s), impõem-se compreensão e aceitação por parte dos pais da manutenção dele(s) no lar, não o(s) expulsando da convivência familiar. Naturalmente, esclarecê-lo(s) de tal questão é dever que não pode ser dispensado.

Nota: A propósito, devo citar que os consagrados médiuns Chico Xavier e Divaldo Franco, tecendo comentários gerais sobre o homossexualismo, enquadram-no ora como provação, ora como expiação, sendo unânimes em afirmar que em qualquer hipótese, só há um caminho a seguir para a liberdade: a sublimação do sexo.

*

▸ Viuvez: a perda da companhia do ser amado, por desencarnação, representa dor suprema, das maiores que se pode experimentar na Terra, tanto quanto todas as demais desencarnações em família. No entanto, Deus, nosso Pai e Senhor da Vida, é o autor da Lei do Progresso, na qual se enquadra o instituto divino da reencarnação, como fator incomparável ao crescimento espiritual de todos nós.

Atitude: quando aceitamos a reencarnação como bênção, a morte passa a ter outra conotação racional: a de transferência de plano. Isso quer dizer que aqueles que amamos, cuja ausência fere nosso coração, não desapareceram, realizaram uma viagem de regresso (para o plano espiritual). Viagem essa, incontáveis vezes já feitas por nós mesmos, em número igual às respectivas viagens de vindas (para o plano terreno). Aliás, essas mesmas viagens de chegada e regresso estão previstas, de forma inexorável, para todos os seres vivos, tantas vezes quantas sejam necessárias ao seu aperfeiçoamento moral.

Considerações finais

Família e casamento... crises e problemas... são realidade inescapável a todos nós, nas nossas várias existências terrenas.

Ao expormos algumas reflexões sobre tema tão palpitante quanto atuante, presente na rotina humana desde o primitivismo, desfilando diante dos nossos olhos nos dias atuais e seguramente permanecendo conosco ainda, num longo futuro terreno, objetivamos tão somente aprender com o *Evangelho* de Jesus a melhor maneira de administrar a convivência no lar.

Ao final, podemos afirmar com integral certeza que o inter-relacionamento humano, para prosperar em harmonia, exige construção diária, minuto a minuto, segundo a segundo – de todos nós!

Ceder é um desafio!

No casamento, por exemplo, não se diga que a *renúncia*, no sentido vulgar do termo, seja a melhor via para a paz. A paz será conquistada quando os sentimentos dos consortes, agindo com liberdade de pensamento e de compreensão, convergirem para o mesmo objetivo. Do contrário, renunciar para evitar a guerra, não é construir a paz, mas sim transferir o cenário de frustração e não raro de revolta, conduzindo-o de fora para dentro da alma. O que quero dizer é que a concordância, de um ou dos dois cônjuges, não pode resultar de sentimento de perda.

Renunciar, no bom sentido da caminhada a dois, é unir caminhos, não é mantê-los em vias paralelas...; renunciar, assim, significará tornar leves ambas as cargas existenciais, delas alijando tudo quanto possa atrapalhar esse sublime deslocamento. Nesse clima, aliás, o sucesso de um representará sempre o sucesso de ambos, alcançado com participação e não com separação.

Na família, o fator reencarnacionista é elemento altamente positivo para retificar destinos, ajustar convivências, reparar erros, quitar débitos, construir amizades eternas...

Esse fator não pode nem deve ser considerado *fatalista*, ao contrário, dependendo do comportamento de cada um, sofrerá sempre alterações, na base de agravantes ou atenuantes. A escolha é livre.

Se os fatos do pretérito impulsionam emoções e ações no presente, nem por isso devemos ser prisioneiros ou escravos do passado. Bom será nosso *destino* se aproveitarmos as lições que a pedagogia da dor já nos tenha proporcionado, evitando novos dissabores.

Assim, na família, quando seus membros se locomovem no dia a dia nas trilhas do amor, desaparece até mesmo a necessidade de perdoar, eis que ninguém acusa ninguém de nenhuma falta, ninguém se ofende, mas sim, sempre acionam mecanismos de doação voluntária de tolerância, antídoto seguro contra o melindre.

A vida passa a proporcionar vitórias diárias.

De paz!

De amor!

A família e as drogas

O que caracteriza um vício?

R: Defeito que torna alguém inadequado a determinado fim; tendência para determinado mal; disposição contumaz para o mal; costume moralmente censurável; hábito nocivo.

Para falarmos sobre vícios e drogas, falemos primeiro sobre a vida de cada ser.

A FAMÍLIA

▶ Origem dos agrupamentos familiares

Como já foi dito, a família é uma instituição divina: sob supervisão de espíritos moralmente elevados, formam-se, ainda no plano espiritual, os agrupamentos familiares.

Para a elaboração das coordenadas da futura família terrestre, aqueles protetores espirituais, quase sempre, convocam os espíritos que irão compô-la, no breve tempo de reencarnação.

Embora uma ou outra família consiga uma união com base em laços de amor, visando à realização terrena de tarefas missionárias, a benefício da humanidade, na maioria das vezes as uniões familiares são resultado de fortes elos de ódio, justamente para que tais elos se desfaçam.

Eis o que leciona a esse respeito o Espírito Emmanuel, à questão nº 175 de *O Consolador*: "purificadas as afeições, acima dos laços do sangue, o sagrado instituto da família se perpetua no Infinito, através dos laços imperecíveis do Espírito".

Dessa forma, o consórcio familiar resulta de acordos realizados ainda na espiritualidade, sob supervisão de mentores, nada obstando que exista também aquele cujo compromisso é assumido pelo livre-arbítrio dos que irão vivenciá-lo.

▶ O amor ou ódio entre familiares

A questão nº 939 de *O Livro dos Espíritos* comenta o caso das uniões que começam com amor e terminam em ódio.

Kardec sugere a existência de dois tipos de afeições: as do corpo e as do espírito.

A primeira acaba em desilusão. A segunda perpetua-se.

Ainda Kardec, em *O Evangelho Segundo o Espiritismo*, no capítulo 14, registra que os laços de sangue não estabelecem, necessariamente, os laços do espírito: se numa família encarnam espíritos simpáticos, quase sempre o contrário pode ocorrer e, nesse caso, somente o Espiritismo poderá iluminar essa complicada questão, por meio dos postulados da reencarnação (vidas sucessivas).

Emmanuel, em *Vida e Sexo*, capítulo 13, alerta para o cuidado que dois seres que uniram-se devem ter quando entre eles surge *alguém*: quase sempre é o passado retornando...

E, no capítulo 15, falando sobre "Desvinculações", reflete que quando dois seres que se amam cometem enganos e erros, em vidas futuras podem voltar na posição de pais e filhos e nessa ocasião, no enternecimento do lar, a ternura vivenciada tranquilizará tais almas e purificará esse amor. Não é raro descobrir lares em que os pequeninos, com a amnésia natural da infância, logo demonstram inclinações descontroladas pelo pai ou pela mãe – meninos, pela mãe; meninas, pelo pai.

Esses reencontros não acontecem em todos os lares, adverte aquele instrutor espiritual, mas onde surgem, caracterizam sempre uma oportunidade de desvinculação.

Interessante recordar que Sigmund Freud (1856-1939), o "pai da Psicanálise", analisando tais ocorrências (vinculações entre filhos e pais), estabeleceu o chamado Complexo de Édipo (maior atração do filho pela mãe, do que pelo pai). Curioso que Freud nada registrasse sobre a recíproca: meninas que demonstram maior apego ao pai. Disso incumbiu-se Carl Gustav Jung (1875-1961), aluno de Freud, que interpôs o Complexo de Electra ao de Édipo, referindo-se mais a mulheres que, sentindo a perda de uma relação infantil com o pai, não conseguem preencher o vazio emocional deixado por essa perda, passando a isolar-se e a ter dificuldades nos relacionamentos amorosos.

Os dois notáveis cientistas, para tanto, socorreram-se da mitologia grega, mas deixaram descoloridos esses preciosos estudos ao excluir deles (por força do cientificismo oficial reinante?) os postulados da reencarnação que conheciam, cuja irretorquível lógica os explicita (aos estudos).

No caso da desagregação familiar, atualmente avassaladora, não se pode debitá-la apenas às injunções modernas (pais no trabalho; filhos criados por babás; programas televisivos inconvenientes; o "cativeiro" da Internet etc.). Se em seu bojo a modernidade impõe desenfreado consumismo, com os filhos querendo ficar "na moda", para tanto obrigando os pais a trabalhar mais, a resultante será diminuição do tempo deles (os pais) junto à família. Não satisfeitas as exigências dos filhos, estes e os pais logo serão visitados por frustrações, angústias, estresse, tudo desembocando em perigosa depressão. Logo...

Drogas – legais ou ilegais

– Por que alguém vai às drogas?

R: Busca de novas sensações; desconhecimento da finalidade da vida; necessidade de estimulante físico e mental (no caso de vestibulandos; motoristas; jogadores; artistas; atletas; "frequentadores da noite" etc.); por depressão (tristeza contínua; angústia; descrença em valores morais).

– Por que a maioria dos viciados é jovem?

R: Jovens são mais ávidos por "novidades" (no caso, por curiosidade); por rebeldia; busca de autoafirmação, às vezes não encontrada no lar, onde sentem-se rejeitados.

– Qual é o primeiro passo para o vício? O álcool?

R: Sim. Em geral, é o álcool. Nas "festinhas familiares", comemorando-se o "primeiro aninho" do filho, quase sempre os pais molham a chupeta dele na cerveja ou no uísque, para que "a criança não fique com vontade...".

– Qual seria o segundo passo? O cigarro?

R: O cigarro! Em 100% dos casos, por imitação. Ou dos pais, ou dos colegas, ou dos astros de filmes e televisão etc. O tabagismo não se dá por curiosidade, é fruto de indução. Há até um costume masculino bobo: presentear amigos com charutos, quando nascem filhos...

– Então os filhos podem ir ao vício a partir do exemplo dos pais?

R: Certamente. Pai e mãe fumando e bebendo, tensos ou felizes, em suas frustrações ou nos seus sucessos, não será de espantar-se quando o filho, ao crescer, fizer o mesmo, pois eles próprios foram os avalistas disso.

Nunca se deve esquecer que o pai e a mãe são "os primeiros heróis" de toda criança, pela ascendência moral que Deus lhes confia na criação filial.

– É possível algum tóxico causar benefícios físicos?

R: Raramente. A morfina, que na verdade origina-se do ópio, é utilizada por pacientes em estado terminal para aliviar-lhes dores atrozes, se for o caso; utilizada na busca de euforia, por outro lado, geralmente leva o viciado a desordens físicas e intelectuais, anulando-lhe vontade e moral.

Atualmente estuda-se a utilização da maconha em pacientes com patologias cerebrais.

Mas, por enquanto, essas são notas pequenas ante aquilo tudo o que há na natureza, sempre com alguma finalidade. As plantas das quais são extraídas as drogas talvez se prestem a alguma finalidade específica e medicinal ainda desconhecida hoje, em um tempo de melhoria moral terrena. Sim: Deus não faz nem cria nada inútil!

– Há sempre danos físicos resultantes da toxicomania?

R: Sempre. E terríveis: cativeiro orgânico e moral (dependência) do qual é difícil libertar-se. Decadência da saúde, até à morte. Verdadeiro "suicídio indireto".

Aliás, drogas legais (álcool e cigarro), aliadas ou não às drogas ilegais (maconha; cocaína; craque; heroína, bem como às sintéticas LSD; ecstasy etc.) constituem um verdadeiro "kit suicídio", ao qual, via de regra, não faltam o sexo promíscuo e o crime.

– Há danos espirituais?

a. No perispírito: liberação do subconsciente, com lembranças distorcidas do passado; a fixação do vício resultará em danos nas estruturas sutis, pelo que, nas próximas reencarnações, a pessoa poderá vir com problemas inatos.

b. Vampirização: O Espírito André Luiz, em *Nos Domínios da Mediunidade*, cap. 15, relata como junto a fumantes e bebedores inveterados, criaturas desencarnadas sorviam as baforadas de fumo arremessadas ao ar, ainda aquecidas pelos pulmões que as expulsavam; outras aspiravam o hálito de alcoólatras impenitentes.

Obs.: A propósito dessa informação de André Luiz, vejamos *O Livro dos Espíritos* (ação e reação ao assédio espiritual):

Questão nº 459: Estamos constantemente sob influência espiritual;

Questão nº 474: Subjugação de um espírito sobre um encarnado, por sua fraqueza;

Questão nº 475: Para afastar esse domínio: vontade firme;

Questão nº 492: Todos na Terra, do nascimento à morte, têm um espírito protetor (anjo da guarda).

c. Destruição da defesa espiritual: Em *Evolução em Dois Mundos*, capítulo 17, o Espírito André Luiz proclama: "(...) o homem encarnado possui na aura um campo espiritual de defesa (...) na forma ovoide (...) qual couraça vibratória (...) espécie de carapaça fluídica".

Obs.: Na Revista *Reformador*, do mês de Outubro-1997, da FEB, há artigo sobre o tabagismo, expondo de maneira detalhada como essa tela se rompe, formando buracos por onde penetram energias bastardas.

De nossa parte, talvez seja lícito imaginar que o mesmo há de ocorrer com os demais vícios, ou ante a prática da crueldade, suicídio, aborto, hipocondria e também na eutanásia.

Prevenção à toxicomania

De longe, em primeiríssimo lugar, compete aos pais prevenir esse tipo de vício, proporcionando aos filhos:

- ✔ exemplos dignificantes no lar;
- ✔ educação moral, à luz do *Evangelho*, enaltecendo os valores do espírito;

✔ transparência total no lar: pais tratando o problema de frente, mostrando ao filho todas as injunções sociais, morais, físicas e espirituais: do contrário, o jovem se apropriará de verdades distorcidas, nas ruas, juntamente com o sentimento de que os pais tentaram enganá-lo...;

✔ aceitação da realidade: é preciso atender o filho apenas nos desejos compatíveis com a condição social da família, sem descuidar da responsabilidade decorrente (em outras palavras, existe hora para o "não");

✔ acompanhamento de mudanças de atitude (ao final, relaciono algumas);

✔ acompanhamento carinhoso, mas vigilante, da vida escolar e social do filho;

✔ realização do momento de preces no lar, com leitura e comentários do *Evangelho* (reunião semanal, no mínimo, em dia e hora predeterminados).

Libertação dos vícios

Só ocorrerá pelo próprio dependente: por meio da vontade, ferramenta sublime!

E não estou radicalizando: sem o impulso libertador, "de dentro para fora", poderá ocorrer impedimento à droga (por reclusão, internação compulsória em clínica etc.), mas não repulsão a ela, que é o desejável, porque definitivo.

A vontade é bênção divina, inerente a todos os seres. No caso do viciado, não há alternativa: somente sua vontade poderá libertá-lo; assim sendo, compete à família, aos amigos, à pessoa que o ama, despertar-lhe essa fantástica força que ele tem, mas está momentaneamente eclipsada. Uma forma será orar por ele. Outra será convidá-lo à reforma moral, mas de forma branda e sincera: engajando-o em atividades assistenciais, e, em paralelo, convidando-o a frequentar o centro espírita, para assistir a palestras evangélicas, receber passes etc. A questão nº 476 de *O Livro dos Espíritos* define bem isso, se considerarmos a hipótese bastante provável de existir infeliz sociedade espiritual a viver no vício: "Se é um homem de bem, sua vontade pode ajudar ao pedir a cooperação dos bons Espíritos, porque quanto mais se é um *homem de bem*,mais se tem poder sobre os Espíritos imperfeitos para afastá-los e sobre os bons Espíritos para atraí-los. Entretanto, resultará inútil qualquer tentativa se aquele que está *subjugado* não consentir nisso. Há pessoas que gostam de sentir uma dependência que satisfaça seus gostos e seus desejos. Em qualquer caso, aquele cujo coração não é puro não pode fazer nada; os bons Espíritos o desprezam e os maus não o temem".

Obs.: Recordando o Apóstolo Pedro, em sua Primeira Epístola: "Acima de tudo porém, tende amor intenso, uns para com os outros, pois o amor cobre uma multidão de pecados".

Ajuda externa: é indispensável. Quem ajudar ao viciado precisará formar com ele um quadro de fraternidade incondicional. Ele é um doente. Precisa de cura.

Obs.: Aqui, vale lembrar Jesus: "Os sãos não precisam de médico" (Lucas, 5: 31).

✔ Se o vício já irrompeu no lar, a família deve tratar o problema com compreensão e muito (muito mesmo) diálogo. Castigos, de qualquer espécie, só afastarão mais e mais o filho, que se sentindo desprezado pelos seus, irá buscar reconforto em outras companhias. Geralmente, outros viciados...

✔ Ainda nessa hipótese (do filho já estar viciado), se for possível, a família deve afastá-lo do convívio social a que se prendeu, inclusive levando-o a tratamento médico. Mais do que nunca, é necessário aplicar o melhor de todos os antídotos contra qualquer vício ou desvio comportamental: A Evangelhoterapia !

Alguns sintomas apresentados por pessoas viciadas em drogas

✔ mudança de humor

✔ inapetência (falta de apetite)

✔ rir de maneira descontrolada, sem motivo aparente

✔ desleixo pessoal

✔ falta de interesse sexual

✔ olhar vago

✔ reações lentas

✔ dilatação de pupilas e olheiras

✔ vermelhidão no branco dos olhos (uso constante de óculos escuros)

✔ sinais de picadas (escondê-las, usando camisa de manga comprida)

Obs.: por incrível que pareça, além do braço, a crônica médica já observou picadas (p/drogas) em outros lugares do corpo.

✔ manchas e feridas que não param de coçar

✔ irritação sem motivo

✔ depressão, angústia sem motivo aparente

✔ queda do rendimento escolar (ou pior: desistência dos estudos)

✔ isolamento

✔ presença de seringas, comprimidos e cigarros estranhos no quarto

✔ companhias suspeitas

✔ desaparecimento de valores do lar etc.

Deve se considerar que a presença dos sintomas referidos não significam, necessariamente, que a pessoa seja toxicômana. Algumas das condições da vida moderna podem fazer com que um ou alguns desses sintomas estejam presentes em não viciados.

Via de regra, o que caracteriza a toxicomania é o surgimento de sintomas, múltiplos, sem causa(s) aparente(s) que o justifique(m).

A família: pílula, fecundação, aborto (pontos de vista científico e espírita)

Muitas mulheres usam a "pílula do dia seguinte" julgando que não se trata de substância capaz de desencadear o aborto, uma vez que, segundo imaginam, a concepção ocorre em aproximadamente 72 horas após a relação sexual. Assim sendo, consideram que a pílula, para ter eficácia tem que ser tomada até 12 horas após a relação, ou seja, em período no qual ainda não houve concepção. Com tal certeza afirmam que a pílula não é abortiva.

– Será?

Em primeiro lugar, não há certeza, no mundo todo (dos cientistas-biólogos) de que a fecundação ocorra "em aproximadamente 72 horas após a relação sexual".

O tempo de percurso do espermatozoide para o encontro com o óvulo é indefinido, tendo em vista que:

*

✔ a motilidade do espermatozoide é variável, em razão da sua qualidade, tendo em vista a saúde da fonte (o homem);

✔ o espermatozoide pode permanecer ativo no ambiente feminino por até sete dias;

✔ a fecundação subordina-se inexoravelmente à "disposição" do óvulo, isto é, se ele já está (pode estar) prontinho para o grande feito ou sequer se posicionou para tal ocorrência.

Na primeira hipótese (óvulo à espera), a fecundação pode ocorrer bem antes de decorridas 24 horas da ejaculação.

Na segunda (nem sequer há óvulo, ou ele ainda está chegando ao ponto de encontro), a fecundação pode demorar dias para ocorrer, dependendo de quando o óvulo vai estar em condições para esse processo.

Diante do exposto, do estrito ponto de vista científico, a pílula do dia seguinte, cuja ação é impedir o sublime encontro espermatozoide + óvulo (por reações químicas e hormonais sobre as quais não caberia dissertar aqui), não pode ser taxada, *a priori*, como abortiva. Isso porque gravidez, especificamente a gravidez, demora para ocorrer: só se realiza quando o embrião está no útero.

É certeza científica o fato de que a gravidez só ocorre quando o embrião está devidamente aninhado no útero. Mesmo que já tenha ocorrido a fecundação, o embrião se demora nas trompas até alcançar o pouso definitivo (o útero). O descarte dele, nessa fase, não caracteriza aborto. Isso é ponto pacífico para os especialistas da área. Destarte, eles não consideram que a pílula do dia seguinte pode ser considerada abortiva e menos ainda como não abortiva.

Vê-se que o tema é dúbio, até para os estudiosos.

Imaginem para os leigos, dentre os quais me incluo.

E prudente é relembrar que na história da humanidade, muitas "certezas" sobre a vida, com o tempo, se mostraram equivocadas. Para não nos alongarmos, citamos uma dessas ocasiões em que "certezas" desmoronaram: Pasteur, provando a absoluta improcedência da tese da *geração espontânea*.

Agora, do ponto de vista espírita, também fica a dúvida se a pílula do dia seguinte seria ou não abortiva, tendo como premissas aquelas emanadas pelo plano maior.

Em *O Livro dos Espíritos*, de Allan Kardec, à questão nº 344 está registrado que "a união [da alma e do corpo] começa na concepção".

Na obra *Missionários da Luz*, de André Luiz, psicografia de Chico Xavier, há ampla dissertação no capítulo 13, "Reencarnação", sobre a magnitude da fecundação.

Segundo as premissas de ambas as obras, a ligação do espírito reencarnante com um novo corpo físico se dá no preciso momento da fecundação. E, desde esse instante, como vimos, ninguém no mundo pode precisar quando é que isso (a fecundação) acontece: se em horas ou em dias.

O que se depreende e talvez possa ser sugerido ao casal é que, por uma questão de bom senso espírita, jamais se arrisque: prudente será evitar o uso da pílula, uma vez consumada a relação. E, ainda, numa segunda hipótese, evitar a relação por um dia, se a pílula foi consumida, para que os efeitos farmacológicos sejam neutralizados pelo organismo.

Como informação complementar, que repasso apenas como nota: entrevistando um consagrado ginecologista, diretor-proprietário de um centro de Reprodução Humana, deu-me ele a conhecer algo que eu jamais tinha ouvido falar. Em vários exames de material de menstruação, são encontrados embriões, que de alguma forma não prosperaram, seja por fragilidade das células germinativas, seja por motivos outros, talvez físicos – hormonais, naquela fase em que o zigoto se formou, quem sabe?

Assim, discussão sobre toda a processualística da fecundação, se houver, será sempre bizantina, isso porque, segundo o Espiritismo, só Deus e talvez os espíritos siderais, aqueles que o autor espiritual André Luiz, pela psicografia do saudoso Chico Xavier, denomina de "construtores da vida", sabem quais são as respostas para tantas dúvidas...

Como adendo, só mais uma pitadinha de reflexão acerca das incertezas humanas sobre o tema:

✔ Santo Agostinho e São Tomás de Aquino tinham como certeza teológica que a vida só começa dentro de quatro semanas após a fecundação. Isso não se deve a especulação, que poderia ser o tempo que medeia de uma a outra "não menstruação" (cerca de 28 dias)? Não. Basearam-se ambos, e também a Igreja Católica defendeu isso até o século 17, na ideia de que só podia haver vida em algo com forma (justamente quando o embrião apresenta forma de um ser vivo);

✔ A partir do século 17, vamos encontrar o Papa Pio IX defendendo que a vida tem início na fecundação, e, a partir desse momento, isso passou quase a ser um novo dogma católico, que atravessou três séculos e desembocou no papado de João Paulo II, substituído pelo Papa Bento XVI, ambos concordes com a tese.

Verdade é que, mesmo no seio da Igreja Católica, há opiniões conflitantes.

Nisso (vida começar na fecundação) Espiritismo e Catolicismo caminham uníssonos. Ainda bem!

As Leis Morais – encenação teatral

As leis morais

Na Parte Terceira de *O Livro dos Espíritos*, de Allan Kardec, encontramos as Leis Morais, na sequência: Lei de Adoração; Lei de Trabalho; Lei de Reprodução; Lei de Conservação; Lei de Destruição; Lei de Sociedade; Lei de Progresso; Lei de Igualdade; Lei de Liberdade; Lei de Justiça, de Amor e de Caridade. Com a intenção de divulgar o conteúdo de *O Livro dos Espíritos* e facilitar o seu entendimento, escrevi a peça "Das Leis Morais", uma adaptação livre da Parte Terceira da obra, enriquecida com as sugestões dos integrantes de "Os mensageiros de Luz", grupo de teatro amador da cidade de Sertãozinho (SP), que se dedica a encenar peças com temática espírita.

Sequência da peça

Primeira parte: da Lei Divina ou Natural (caracteres); Lei do Progresso; Lei de Sociedade; Lei de Liberdade. Segunda parte: Lei do Trabalho; Lei de Igualdade; Lei de Reprodução; Lei de Conservação. Terceira parte: Lei de Destruição; Lei de Justiça, de Amor e Caridade; Lei de Adoração.

Após a apresentação, durante 30 minutos, os responsáveis pela encenação colocam-se à disposição do público presente para esclarecer suas dúvidas sobre o tema.

Esquete 1 – Lei do Progresso e de Sociedade

(Filho entra em casa vindo da escola)

Pai: Boa tarde, filho. Como foi na escola?

Filho: (visivelmente contrariado e desanimado) Boa tarde. Bem.

Irmão: Nossa, cara, que desânimo é esse?!

Filho: Ah... é a escola... não aguento mais! Cara, você acredita que só hoje, em História Geral, aprendi o quinto Código de Leis, em História do Brasil já devo estar na décima Constituição, e Geografia não pára de falar em reforma tributária, reforma da previdência, Lei Ordinária que tem que mudar daqui, Lei Complementar que tem que mudar de lá... Que chatice! Por que a humanidade não nasceu um pouco menos burra e criou leis prontas e certas sem precisar de mudança nenhuma?

Irmão: (zombando do Filho) Ah é? E por que será que Papai Noel e Duende Verde não existem... Amigo, você tem cada ideia absurda: leis prontas... acredita mesmo?

Pai: Não zombe assim de seu irmão, meu filho, existem sim leis imutáveis.

Filho: Ah é? E por que é que eu tenho que ficar estudando todas essas que vivem mudando?

Pai: Por que são leis humanas, meu filho, leis humanas...

Filho: Como assim?!

Pai: As leis que os homens fazem estão sempre sendo reformadas, ao contrário das Leis Divinas, que são imutáveis, perfeitas e justas. Aqui no Brasil, por exemplo, desde a descoberta, já tivemos leis vindas do Reino, lá da Europa, tivemos leis impostas pela religião, leis do Império, da República. Tivemos várias Constituições...

Irmão: Viu? Exagerado... várias! Não chegou a dez ainda não.

Pai: E isso só prova que o Brasil está aperfeiçoando o Sistema Legal. Que o homem está sempre progredindo...

Irmão: Quem ganha bastante dinheiro é que progride...

Pai: Eu não estou me referindo a esse tipo de progresso. Se é que ganhar dinheiro é progredir. Refiro-me ao verdadeiro progresso, o moral, o espiritual.

Irmão: Mas como progredir sem dinheiro?! Só com dinheiro se pode fazer alguma coisa...

Pai: Nem sempre.

Irmão: Ah, é? Então me diga: como alguém progride na vida sem dinheiro?

Filho: Nossa, cara, que horror, você está com um ponto de vista completamente materialista. O pai está falando do progresso da humanidade, a partir do progresso de cada homem.

Pai: Exatamente!

Filho: Pai, mas me responde uma coisa: como a humanidade vem progredindo intelectualmente cada vez mais, por que não progride também moralmente?

Pai: Porque o homem aprova leis de acordo com as necessidades de convivência em sociedade, e essas leis visam ao bem-estar comum. Com o progresso da civilização, essas leis estão sempre mudando... Mas chegará o dia em que as leis humanas não mais serão alteradas...

Irmão: Claro! Quando todos os homens forem anjos!

Pai: Isso mesmo.

Filho: Hum... que dia será esse?

Pai: Quando cada ser humano viver de acordo com as Leis Divinas, as quais, como já dissemos, são inalteráveis, perfeitas e justas.

Irmão: Será que isso vai acontecer algum dia?

Pai: Tão certo como dois mais dois são quatro. O progresso é Lei de Deus. É uma das mais abençoadas Leis Morais que Deus criou para nosso bem e nossa felicidade.

Filho: E onde é que essas Leis Divinas estão escritas?

Pai: Na consciência da cada espírito...

Irmão: (colocando-se sério no assunto) E quem se fizer de analfabeto e não seguir essas leis?

Pai: Para estes será convocada a melhor de todas as professoras, cuja especialidade é esse tipo de "alfabetização"...

Filho: E quem é ela?

Pai: A dor, meu filho, a dor...

Irmão: Olha, e se é assim acabei de entender porque todo mundo sofre... não precisa nem pensar nas Leis Divinas. Quantos homens descumprem as leis humanas mesmo!

Pai: É verdade, meu filho, nesse sentido você está mais certo do que pensa. Os nossos sofrimentos são sim consequências de nossos próprios atos, que muitas vezes desrespeitam as Leis Divinas e as humanas também. Apesar disso, Deus é tão bom que nos deu dois grandes presentes: a oportunidade contínua do aprendizado, mediante a bênção das reencarnações, e da vida em sociedade, que nos ajuda a disciplinar e aperfeiçoar os sentimentos.

Filho: Mas eu não me conformo, pai, se o homem foi feito para viver em sociedade, como senhor mesmo afirmou , como é que ele pode desobedecer às regras da sociedade a que pertence?

Pai: Filho, na realidade isso depende das virtudes humanas. Existem muitos homens virtuosos e muitos que ainda não conquistaram essas qualidades. A História está repleta de casos de homens que mudaram os rumos das épocas em que viveram e que são exemplos nos quais devemos nos espelhar para vivermos felizes em sociedade. Para não irmos muito longe, citamos o caso do Chico Xavier: nascido num humilde lugarejo, em família católica, é o expoente do Espiritismo no Brasil e no mundo.

Irmão: Pai, seria errado, então, o homem que para fugir de normas e costumes contrários à sua consciência se isolasse, passando a viver sozinho?

Pai: Eu não usaria a palavra "errado", lembre-se que não devemos julgar a ninguém, mas vamos raciocinar: Jesus nos ensina que devemos amar nosso próximo e fazer para ele tudo o que pudermos de melhor. Uma pessoa isolada não está praticando o mal, mas também não está praticando o bem, ou seja, não está seguindo uma das mais importantes Leis Divinas: a lei de viver em sociedade.

Irmão: Então quer dizer que uma pessoa que se torna eremita não evolui?

Pai: Exatamente, esse indivíduo está deixando de ser útil à sociedade, de aprender a viver com seu próximo, de seguir às instruções de Jesus e, por tanto, está atrasando seu progresso.

Filho: O que pensar de uma pessoa que abandona o lar?

Irmão: Seguindo esse raciocínio, será culpado por tudo que acontecer em razão desse seu abandono.

(Voz da Mãe chamando de dentro da casa): Meninos...

Filho: A mãe chegou, vamos almoçar? (levantam-se e saem.)

Esquete 2 – Lei de Trabalho e de Igualdade

Mãe: Vamos, filha, não enrola muito, não. Você vai chegar atrasada.

Filha: Nossa, mãe, que desagradável! Por que Deus faz essas coisas? Por que todo mundo tem que trabalhar? Devia trabalhar só quem quer.

Mãe: É, e nesse caso, quem é que trabalharia? Deus é muito sábio, filha, o trabalho é uma grande escola de aperfeiçoamento e nos ensina várias virtudes, entre elas a disciplina, viu? Mas vamos. Estamos atrasadas. Eu te deixo no serviço. (saem)

(entra um mentor carregando material hospitalar e, pelo outro lado, um recém desencarnado)

Mentor: Ulisses! Que bom vê-lo aqui! Como você está bem!

Ulisses: E aí? Quanto tempo!

Mentor: Fiquei sabendo de seu desencarne, estava esperando encontrá-lo. Sabia que uma hora você viria pra nossa colônia.

Ulisses: Oh! Nem me fala! Sofri tanto! Minha morte foi muito dolorosa!...

Mentor: Meu amigo, quem faz nossa morte dolorosa somos nós mesmos. Mas deixe isso pra lá por enquanto. Vamos trabalhar?

Ulisses: Quê?! Trabalhar! Aqui também?! Trabalhei minha vida inteira e vou ter que trabalhar depois da morte também?!

Mentor: O que mais você queria?

Ulisses: Ora, não lhe ensinaram, não? Descanso, Sono Eterno, Última Aposentadoria, Beatitude contemplativa... Aliás, que é isso?

Mentor: São faixas, acabei de cortá-las e prepará-las para o uso. Preciso levar para o hospital.

Ulisses: E o que é que você ganha com isso?

Mentor: A mesma coisa que ganharam a enfermeira e o médico que cuidaram de você, no hospital: a satisfação de ajudar um doente. Mas vamos, acompanhe-me enquanto entrego isso e veremos onde você pode se encaixar.

(saem)
(entra Mãe por um lado e Filha por outro)

Filha: Oi, mãe.
Mãe: Oi, como foi seu dia?
Filha: Nada bem. Tivemos mais três demissões hoje.
Mãe: Rezemos por eles, filha, desemprego não é nada fácil.
Filha: Mãe, como o Espiritismo explica tanto desemprego?
Mãe: É por causa da má organização da sociedade. Grandes fortunas estão nas mãos de poucos grupos. E a maioria dos ricos busca ganhar sempre mais. Atualmente, com a população mundial aumentando, muitos daqueles que têm bastante dinheiro preferem que o dinheiro trabalhe e não o homem, isto é, investem tudo na especulação do mercado financeiro. Banco, bolsa de valores, entende?
Filha: Mas será errado a pessoa ganhar dinheiro usando a inteligência?
Mãe: O trabalho é uma Lei Divina, que visa ao bem-estar da humanidade e uma maneira de aperfeiçoar a inteligência e outras virtudes. Lembra do que eu lhe disse de manhã sobre a disciplina? Devemos entender que a especulação financeira não oferece uma utilidade prática para ninguém, a não ser lucro para o investidor.

Filha: Mas, mãe, se Deus fez do trabalho uma necessidade, para que o homem aperfeiçoe a inteligência e produza algo para a sociedade, por que existem pessoas que nascem tão ricas?

Mãe: Nascer rico não significa que não precise trabalhar. Ao contrário, deve administrar sua fortuna, de forma a gerar muitos empregos.

Filha: Mas por que Deus permite que uns nasçam tão ricos e outros nasçam pobres?

Mãe: Lá vem você achando que a culpa de tudo é de Deus... Isso acontece porque cada um usa o livre-arbítrio de maneira diferente e, daí, a fortuna ou a pobreza representam estágios de aprendizado, que por vezes se transformam em problema. Eu penso que a riqueza é uma dura provação.

Filha: Oba, eu gostaria de ter uma provação dessas, bem grande!

Mãe: Você não sabe o que está falando; pensa que os ricos não têm problemas?

Filha: Ter problemas, têm, mas pelo menos têm dinheiro.

Mãe: Pois está muito enganada: o rico de hoje, se não utilizar a fortuna para auxiliar no progresso, certamente, numa próxima existência será bem pobre...

Filha: O que aconteceria se todo o dinheiro do mundo fosse repartido igualmente?

Mãe: Em meia hora haveria gente rica e gente pobre...

Filha: Nossa, que coisa... como ainda somos atrasados...

Mãe: Mas estamos aprendendo.

Filha: Pela Lei do Trabalho.

Mãe: Isso mesmo. Você me ajuda a fazer a janta?

Filha: Claro. (saem)

(entram Ulisses e o Mentor conversando)

Mentor: Fiquei feliz por você vir trabalhar conosco. O Centro de Reabilitação é um lugar maravilhoso. Tem muitas pessoas amigas. Você vai gostar. E tem muito trabalho também. Amanhã irei apresentá-lo a você.

Ulisses: Pensei que você trabalhasse no hospital. Por causa das faixas.

Mentor: Meu trabalho é no Centro de Reabilitação, mas nas horas vagas eu ajudo com as faixas do hospital. Foi o meio que encontrei para agradecer a bondade das pessoas de lá, que me acolheram logo que desencarnei. É muito bom. Cortar e esterilizar as faixas acaba sendo uma terapia para mim. Sempre gostei de trabalhos manuais.

Ulisses: É, eu lembro como você e a Luísa ficavam construindo coisas com sobras de madeira, tecidos, tinta... Falando na Luísa, coitada, estava sofrendo tanto quando morri. Como será que ela esta hoje? Tem como sabermos notícias?

Mentor: Se for do nosso merecimento e se tiver utilidade, sim. Amanhã, após seu primeiro dia de serviço iremos ao Ministério da Comunicação e lá, se for possível, saberemos.

Por enquanto podemos ajudá-la com nossas preces. É o marido que a atormenta, não é? Fiquei sabendo.

Ulisses: O marido e o patrão! Você acredita que nós trabalhávamos juntos na mesma firma? Ela fazia o mesmo serviço que eu e ganhava bem menos. E por quê? Só por ser mulher ou negra! E não é só lá não... Um absurdo.

Mentor: É, não deveria ser assim. Deus não deu privilégios a ninguém, ao contrário, a todos criou iguais e com destinação final à felicidade. Homens, mulheres, negros, brancos, adultos, jovens ou idosos, todos foram criados iguais, os homens é que fizeram tais diferenças.

Ulisses: De que adianta trabalhar fora se ao chegar em casa ainda tem que limpar, lavar, cozinhar?

Mentor: Num lar consciente, todos participam de todas as atividades, espontaneamente. Se todos usufruem benefícios, nada mais justo que a conquista desses benefícios também seja repartida.

Ulisses: É covardia deixar tudo nas costas da mulher. Concordo que todos os familiares devem ajudar nos trabalhos de uma casa. A mulher não nasceu para ser escrava. Mas diga-me: o que se faz no Centro de Reabilitação?

Mentor: Nós cuidamos de irmãos sofredores que fabricavam e comercializavam armas, cigarros, drogas... São pessoas que ganharam seu dinheiro trabalhando nas plantações de tabaco, de coca, na fabricação de cigarros, de armas etc. Enfim, de pessoas que tiveram uma ocupação infeliz, não um trabalho honesto.

Ulisses: Mesmo que esse trabalho tenha gerado empregos é considerado desonesto?

Mentor: Todo trabalho deve ter por finalidade ser útil. A pessoa que usou a fortuna que tinha para abrir e manter uma fábrica da armas, gerando empregos, poderia ter usado melhor seu livre-arbítrio para gerar empregos com uma empresa bem menos prejudicial ao seu próximo. Mas acabou meu tecido para faixas, precisamos buscar mais. Você vem comigo?

Ulisses: Claro. E quero aprender a cortar faixas também. (saem)

Esquete 3 – Lei de Destruição, Lei de Justiça, Amor e Caridade e Lei de Adoração

(Dona Benta está mexendo em alguma coisa no sofá; e Visconde de Sabugosa, lendo *O Livro dos Espíritos*. Entram Tio Barnabé, Pedrinho e Allan Kardec)

Tio Barnabé: (entrando primeiro) Com licença, Dona Benta

Dona Benta: Entre, Tio Barnabé. Já chegaram!

Pedrinho: Oi, vó.

Dona Benta: Oi, meu filho!

Allan Kardec: Oi, Dona Benta, quanto tempo!

Dona Benta: Oi, professor, espero que tenha feito uma boa viagem.

Kardec: Muito boa sim.

Dona Benta: Visconde, venha conhecer o senhor Allan Kardec, ele é escritor, professor, um grande estudioso e um velho amigo da família. (e dirigindo-se a Kardec) Professor, esse é o famoso Visconde de Sabugosa.

Visconde: É um prazer conhecê-lo. Estou lendo o seu *O Livro dos Espíritos*.

Kardec: O prazer é todo meu, ouvi muito falar de você nas cartas de Dona Benta.

Dona Benta: (para Kardec) Mas, sente-se. Esteja à vontade. O senhor deve estar cansado e com fome. (para Pedrinho) Pedrinho, vá até a cozinha e traga-nos café e uns bolinhos.

(sai Pedrinho)

(Ainda Dona Benta): Visconde, que bom você estar lendo justamente *O Livro dos Espíritos*, se tiver qualquer dúvida, tenho certeza que o professor não se importará em tirar. Não é verdade?

Kardec: Será um prazer.

Dona Benta: Mas como estão as coisas em Paris? E a Madame Gabi? Tem passado bem?

Kardec: As coisas estão bem e é uma pena que Gabi não pode vir. Sabe como é, nós temos aqueles cursos em casa, e os alunos não poderiam ficar sem mais um professor, mas ela está bem e mandou lembranças.

(entra Pedrinho com os bolinhos e um bule de café numa bandeja. Dona Benta serve o café para Kardec, ele pega um bolinho e come)

*

Kardec: Ah! Os bolinhos de Tia Anastácia! Tinha me esquecido como eram bons.

Pedrinho: – Falando nela, onde ela está, vó?

Dona Benta: Foi na vendinha, pois faltavam algumas coisas...

(Pedrinho faz cara de preocupado)

...mas não se preocupe que ela volta a tempo de fazer o jantar, viu?

(Pedrinho faz cara de aliviado)
(entram em cena Emília, desesperada, com Narizinho)

Emília: Dona Benta... Dona Benta...

Dona Benta: Calma, Emília diga "oi" ao nosso visitante.

Emília: Oi. (vira-se para Tio Barnabé)

Narizinho: Emília!

Emília: Muito prazer em conhecer, senhor...

Kardec: Kardec, Allan Kardec.

Emília: Senhor Kardec-Allan-Kardec.

Emília: Tio Barnabé, a onça pegou meu cabritinho! "Me empresta" sua espingarda que eu vou pegar aquela desnaturada! Ela vai ver! Como teve coragem! Ele era tão bonitinho...

Narizinho: Calma, Emília, não adianta você ficar assim, ela não fez por maldade, nós é que fomos em lugar errado.

Emília: Não, como não?! Aquela... aquela... cara de coruja.

Tio Barnabé: A Narizinho tem razão, Emília. Quantas vezes eu já num disse para vocês não se aproximarem com aquele cabritinho da mata onde a onça mora?

Emília: Mas eu não me conformo! Não me conformo! Como ela teve coragem! Fez por maldade sim, tantas folhas, frutas, verduras naquela mata... não tem nada que ficar atrás do meu cabritinho, nem de bicho nenhum!

Visconde: Emília, a onça, como muitos predadores do reino animal, é carnívora, ou seja, só se alimenta de carne.

Emília: Porque quer!

Visconde: Não, por causa da Lei de Destruição e do equilíbrio ecológico.

Emília: Que é isso, Lei de Destruição?

Visconde: A Lei de Destruição é uma das leis que Deus criou para que houvesse a renovação no controle de população na Terra; sem morte não há renascimento, nem evolução.

Emília: Ah! Deus não entende nada de evolução. Destruição causando evolução, vê se pode?

Visconde: Mas sem isso não haveria o equilíbrio ecológico.

Emília: E o que é isso?

Visconde: Foi a maneira que Deus encontrou de controlar e harmonizar a natureza. Toda vez que um predador pega uma presa, o alvo é sempre um animal doente ou fraco, que vai servir de alimento para muitos outros.

Tio Barnabé: E você se esqueceu que o seu cabritinho era fraco porque foi criado mansinho aqui no sítio, e a onça, que não é boba, se aproveitou disso para fazer um lanchinho.

Emília: Mas que culpa tem o meu cabritinho? E que culpa tem o animalzinho da floresta que serve de alimento para os outros?

Kardec: Não tem culpa nenhuma Emília, mas lembre-se de que o animal caçado é geralmente o mais fraco, que dá sua vida para alimentar muitos outros animais, aprendendo um princípio de abnegação. Ou é o doente, o que evita que passe a doença para os outros. Deus é sábio e sempre nos impele em direção ao progresso, mesmo por meio da Lei de Destruição.

Pedrinho: Mas se a Lei de Destruição foi feita por Deus para causar o progresso, como vocês dizem, por acaso quando tem enchente, como vi ontem na televisão, ou quando tem terremoto e morre um monte de gente é progresso?

Kardec: Claro que sim, essas pessoas estão em resgate coletivo e a perda do corpo muito pouco representa diante dos débitos de suas vidas passadas. Quando morrem pessoas nessas calamidades, equipes espirituais de socorro acolhem esses espíritos ao sair da natural perturbação causada pela súbita desencarnação, sentem-se leves e felizes por terem se libertado de uma dívida moral.

Tio Barnabé: É, menino, que é que você pensa? A gente já fez muita coisa nas outras existências e a maior parte delas não foi boa, não. Esses desastres ensinam a gente a fazer coisas boas e também a respeitar a natureza. Você sabe que muitas vezes a enchente acontece porque a gente corta a mata, suja o rio, destrói a natureza.

Pedrinho: Mas e quando a morte é provocada por bandido?

Tio Barnabé: Aí não é pagamento de dívida, não: é crueldade mesmo, e isso não é Lei Natural, é maldade.

Kardec: Mesmo assim Deus só permite que essas coisas aconteçam quando a pessoa que é assassinada tem algo a resgatar, embora aquele que mate esteja contraindo uma dívida para si.

Narizinho: Neste caso poderia ser empregada a pena de morte?

Dona Benta: Não! A pena de morte é um erro! É o homem querendo tomar o papel de Deus, que é o Senhor da Vida.

Narizinho: Mas está certo um criminoso cumprir pena e ser libertado?

Dona Benta: Sim. Nós não devemos ser juizes de ninguém, só de nós mesmos. Não sabemos o que fizemos, nem o que fomos em outras vidas... Jesus foi claro quando disse "não julgueis" e mais claro ainda ao recomendar o perdão das ofensas. O que precisamos é ter fé na justiça divina e reeducar o irmão que erra da forma mais humana possível. Mais do que isso só cabe a Deus.

Narizinho: Mas nós vamos ficar vendo o bandido sair da cadeia e fazer mal novamente sem fazer nada?

Dona Benta: Quando existe a certeza na bondade de Deus e na existência do plano maior percebemos que é melhor sermos vítimas que algozes.

Pedrinho: Para não contrairmos novas dívidas, não é?

Dona Benta: Exatamente! Além disso, se o criminoso escolher retornar ao crime, ele estará plantando uma semente bem amarga e terá que colher os frutos depois.

Narizinho: E se ele não quiser colher?

Tio Barnabé: Não tem escolha, não. É igual plantar uma laranjeira no jardim: se você não colhe, os frutos caem na sua cabeça.

Kardec: É por isso que dizemos que a semeadura é livre, a colheita, obrigatória.

Narizinho: E como é que se plantam coisas boas?

Kardec: Fazendo a caridade.

Pedrinho: Dando esmola, por exemplo?

Emília: Ah, não! Eu não dou esmola, não! Já pensou: você dá o dinheiro com a melhor das boas intenções e o outro gasta em bebida, cigarro e coisa pior!

Kardec: Nesse caso, Emília, é o outro que vai responder pela atitude errada, você fez a sua parte. Mas a esmola não é a única forma de fazer a caridade. Aliás, para a esmola ser caridade ela deve ser feita de uma forma que não humilhe aquele que recebe, o que geralmente não acontece.

Pedrinho: Que outras formas existem, então, de fazer a caridade?

Visconde: Em vez de dar dinheiro você pode dar um prato de comida ou uma cesta básica, por exemplo. Ou ser mais atencioso e perguntar diretamente o que a pessoa está precisando para ajudá-la melhor. Pode ser um remédio, um cobertor, um agasalho ou outra coisa qualquer.

Dona Benta: Muitas vezes a ajuda não precisa nem ser algo assim. Pode ser que a pessoa tenha tudo de bom e do melhor em sua casa e esteja precisando da caridade dos outros também.

Emília: Como?

Tio Barnabé: Por meio de um sorriso, um abraço, uma visita. Às vezes o que a pessoa esta precisando é apenas de alguém que seja capaz de escutar...

Kardec: É o que nós chamamos de caridade moral. Esta até aqueles que nada possuem podem fazer. Um ombro amigo, um conselho, alguém disposto a dar um pouco de atenção ou uma palavra de incentivo muitas vezes pode salvar uma vida.

Visconde: Podemos até fazer caridade mental por meio de preces sinceras e devotadas pelos necessitados, pelos oprimidos, pelos orgulhosos ou até pelos criminosos.

Emília: Você acredita que Deus escuta as preces feitas em todo o mundo?

Visconde: Toda prece sincera chega a Deus, por meio dos mensageiros celestiais.

Kardec: E louvar e adorar a Deus são outras das Leis Morais. Se nós somos espíritos criados por ele, é nosso dever lhe rendermos graças, e um dos melhores jeitos de fazê-lo é por meio da prece, que pode ser de adoração, de agradecimento ou de solicitação.

Narizinho: Mas... e as pessoas que usando o nome de Deus justificam guerras e assassinatos?

Tio Barnabé: Esses estão usando em vão o nome do Senhor. E estão mostrando que não respeitam nem amam seu próximo como ensinou Jesus.

Visconde: E estão descumprindo a Lei de Adoração, a que Kardec se referiu agora há pouco. Já que a melhor forma de adorar a Deus é amando-nos uns aos outros.

Final – opcional

Pode ser que o centro espírita, associação ou entidade onde a peça está sendo apresentada queira registrar alguma data importante para as suas atividades.

Narizinho: Todas as preces têm que ser feitas apenas falando?

Kardec: Claro que não, a prece também pode ser declamada, quando for uma poesia, feita de forma mental e até sem palavras, apenas com sentimentos.

Visconde: Pode ser espontânea ou decorada, desde que seja feita com o coração. E pode ser feita com ritmo, como no caso de canções que elevem o espírito.

Dona Benta: E já que estamos falando em preces, vamos fazer uma prece, nós todos, para agradecer a Deus (se for o caso, anunciar o nome da entidade e informar aos presentes o que se está agradecendo)

Tio Barnabé: E vamos fazer essa prece cantando "Feliz Aniversário"...

Do mal Deus tira o bem

Jesus, nosso Mestre e modelo moral, ao enunciar as sublimidades das bem-aventuranças[15], considerou:

a. "felizes" os mansos, os misericordiosos, os puros de coração, os que promovem a paz;

b. igualmente felizes os pobres em espírito, os aflitos, os que têm fome e sede de justiça, os que são perseguidos por causa da justiça;

c. "sois felizes, quando vos injuriarem e vos perseguirem e, mentindo, disserem todo o mal contra vós por causa de mim" (aqui, parece-me que, como fecho das bem-aventuranças, essas palavras foram dirigidas mais particularmente aos Apóstolos).

Os itens "a" e "c" têm pacífico entendimento.

Já o item "b", apenas à luz da lógica talvez remeta o tema a um beco estreito, no qual as reflexões desembocarão no paradoxal: como é que alguém pode ser feliz sendo pobre de espírito,

15. Mateus, 5: 1-10.

estando aflito, padecendo fome e sede de justiça ou que por ela esteja sendo perseguido?...

Bem sabia o Cristo de Deus que suas palavras atravessariam os séculos e que hora chegaria para que as mentes humanas as ajustassem à verdade eterna, trazendo bálsamo infalível aos (in)felizes que estivessem se debatendo naquelas turvas águas morais.

Com efeito, à luz do Espiritismo, *os pobres em espírito, os aflitos, os que têm fome e sede de justiça e os perseguidos por causa da justiça*, compreendem que aquilo que no momento se lhes apresenta como dor, na verdade é boia salvadora, pois, induzindo-os fortemente à crença na justiça divina, faz nascer a resignação, espontânea e balsamicamente.

Quem estudar o capítulo 5 de *O Evangelho Segundo o Espiritismo*, "Bem-aventurados os aflitos", nele encontrará rica e inesgotável fonte de elucidações e explicações de como é que alguém pode ser feliz, sofrendo. Assim, desaparece o paradoxo...

Diz-nos o citado capítulo, em suma, que a vida social expõe grandes anomalias entre ricos e pobres, sãos e doentes, "sorte" e "azar", e que os homens virtuosos sofrem e os maus prosperam, parecendo tais fatos desmentir a justiça de Deus.

Nada mais enganoso: pelos trâmites da reencarnação e das existências sucessivas, com raciocínio desarmado de preconceitos, inseparável da lógica que conduz à fé raciocinada, não há como descrer da bondade e do amor do Criador.

Quem quer que equipe o espírito dessas sublimes premissas delas verá emergir cristalina verdade: sendo Deus justo e amando de forma igual a todos os Seus filhos, se um deles sofre é porque há uma causa justa; se essa causa não está no presente só pode estar num lugar: no passado!

Muitas das atuais expiações podem ser consequências de más ações praticadas em outras existências, das quais tenham ou não resultado infelicidades, para si ou outrem, ou vítimas. Por exemplo:

✔ sofrer um acidente sem que para isso tenha dado motivo;

✔ amargar revezes sucessivos financeiros;

✔ vivenciar momentos difíceis no lar, com cônjuge e parentes difíceis ou filhos ingratos;

✔ encontrar sérias dificuldades profissionais, com desajustes diante de chefes, colegas ou subordinados;

✔ doenças congênitas, algumas incuráveis (danos no perispírito, pois este é a matriz espiritual que se modifica, positiva ou negativamente, em razão dos atos praticados pelo espírito. Assim é o perispírito que define como será o organismo físico na(s) próxima(s) existência(s), sempre em razão do que é praticado, no bem ou no mal);

✔ vitimação por "balas perdidas" ou acontecimentos imprevistos.

Uma grande lista eu poderia alocar sobre tais expiações, mas não me alongarei, uma vez que importa expor o raciocínio.

Nem todos os problemas têm causa no passado. Eis alguns deles:

✔ sofrer acidente causado por si mesmo, por imprudência ou embriaguez;

✔ falências múltiplas, ocasionadas por desatenção nos negócios ou por lances financeiros temerários, audaciosos, enganosos;

✔ problemas com filhos aos quais não foi proporcionada educação;

✔ dificuldades conjugais por ter contraído união sem amor ou sob interesse;

✔ ferimento decorrente de briga que poderia ter evitado;

✔ adoecer gravemente por intemperança, por excessos, por vícios.

Aqui também o rol pode ser quase que infindável. Mas já basta.

Impõe-se uma ressalva: nem todos os que passam por situações difíceis são necessariamente culpados, isto é, estão colhendo o que plantaram ou são imprevidentes; há casos, e não são poucos, segundo nos dizem os espíritos esclarecedores, de missionários que voluntariamente se submetem a tais padecimentos, por pura devoção e amor ao próximo. Para eles, trilhar em tais sombras, constitui sublime oportunidade de exercitar a caridade, no seu mais alto nível.

O Espiritismo oferta muito mais luzes ao tema:

*

▶ Em O *Livro dos Espíritos*

À questão nº 783 há informação de que quando um povo não progride quanto deveria, Deus promove abalos físicos ou morais que induzem à transformação, tirando-o da ignorância crônica. É assim que a providência age, fazendo do mal sair o bem, qual a procela, a tempestade, que saneiam a atmosfera, depois de a terem agitado violentamente.

À questão nº 785 há enérgica reprimenda ao orgulho e ao egoísmo, já que o homem, via de regra, pelo crescente progresso intelectual até "vitaliza" mais e mais aqueles vícios. Ledo engano: se o progresso terreno proporciona egoísticos gozos de bens materiais, estes são efêmeros, já que desse próprio mal pode nascer o bem, pois não tarda ao espírito compreender que Deus o criou com farol a iluminar uma felicidade duradoura, doce fruto do amor ao próximo.

À questão nº 859, item a, está registrado que "Apenas as grandes dores, os acontecimentos importantes que podem influir na evolução moral, são previstos por Deus, já que são úteis para a vossa depuração e instrução".

▶ Em O *Evangelho Segundo O Espiritismo*

No capítulo 5, item 21, há a recomendação a nós, humanos, para que compreendamos que "o bem está muitas vezes onde se acredita ver o mal". Esse item trata da perda de pessoas amadas ou de mortes prematuras: por vezes, isso constitui um grande benefício que Deus concede a alguém que se vai, ao mesmo tempo que também impede, em muitos casos, que um jovem, por procedimentos reprováveis, viesse a causar danos irreparáveis aos pais e à família inteira.

No mesmo capítulo, item 22, há uma leve reprimenda: "Habituai-vos a não julgar aquilo que não podeis compreender e acreditai que Deus é justo em todas as coisas. *Muitas vezes, o que vos parece um mal é um bem*".

No capítulo 8, item 14, a propósito das palavras de Jesus "É necessário que escândalo venha"[16]: "(...) os homens punem-se a si mesmos pelo contato de seus vícios. (...) É assim que Deus faz surgir o bem do mal e que os próprios homens tiram ensinamentos de coisas ruins ou desagradáveis".

▶ Em *A Gênese*

No capítulo 3, item 3, encontramos: "Entretanto, o mal existe e tem uma causa", sejam os provocados pelo homem ou os que, à primeira vista, não se pode evitar, tais como os flagelos naturais, mas que, pela inteligência, os neutralizará. Desse ponto de vista depreende-se que *o que ao homem se afigura mau e injusto, conhecendo-lhe a causa consideraria justo e admirável.*

No item 7: "Deus, todo bondade, pôs o remédio ao lado do mal, isto é, *faz que do próprio mal saia o remédio*".

A referência é sobre o momento em que o excesso do mal moral se torna intolerável e impõe ao homem mudar de vida.

16. Mateus, 18: 7.

*

▶ Em *O Céu e O Inferno*

Na Primeira Parte, cap. 9, item 4: "(...) Para compreender *como do mal pode resultar o bem*, é preciso considerar não uma, porém muitas existências; é necessário apreender o conjunto do qual – e só do qual – resultam nítidas as causas e respectivos efeitos".

▶ Em *Obras Póstumas*

Na Primeira Parte, item "As expiações coletivas", é-nos esclarecido que quando infortúnios alcançam grande número de pessoas, ali elas resgatam atos de vidas passadas, seja por faltas cometidas na vida privada ou na vida pública. Não é raro, nessas hecatombes, existirem criaturas destemidas e que vendo a calamidade enfrentam-na com solidariedade e destemor, vindo a perecer. Assim, entre as muitas vítimas, todas em resgate, algumas podem ter sido ótimos cidadãos, mas péssimos chefes de família, ou então bons pais de família, mas cidadãos indignos.

Dessas convulsões sociais uma melhora sempre resulta; os espíritos se esclarecem pela experiência: o infortúnio é o estimulante que os impele a procurar um remédio para o mal.

Obs.: Do parágrafo acima imaginamos que vem de longe o ditado popular que diz ser a necessidade a mãe de quase todas as invenções.

*

▶ Na *Revista Espírita*, jul.1858, p.178

O Espírito São Luís, comentando sobre um homem inquieto, com infelicidade no auge, por invejar o ouro, o luxo, a felicidade aparente: "(...) Se esse infeliz tivesse apenas olhado abaixo de sua posição, teria visto o número daqueles que sofrem sem se lamentar, ainda bendizendo o Criador; porque *a infelicidade é um benefício do qual Deus se serve* para fazer a pobre criatura avançar para o seu trono eterno".

▶ Em *Entre a Terra e O Céu*[17]

Clarêncio, Ministro do Auxílio em *Nosso Lar*: "(...) O Senhor tolera a desarmonia a fim de que por intermédio dela mesma se efetue o reajustamento moral dos espíritos que a sustentam, de vez que *o mal reage sobre aqueles que o praticam, auxiliando-os* a compreender a excelência e a imortalidade do bem".

▶ Em *Ação e Reação*[18]

O Espírito Luísa reconforta a filha desanimada: "(...) Ignoras que a dor é a nossa custódia celestial? (...) Lembra-te de que *o Senhor transforma o veneno de nossos erros em remédio salutar* para o resgate de nossas culpas".

17. Espírito André Luiz, psicografia de Francisco Cândido Xavier, Cap. 1, 13ª ed., 1990 , FEB, RJ.
18. Espírito André Luiz, psicografia de F. C. Xavier, Cap 12, 5ª Ed., 1976, FEB, RJ.

A intenção é tudo

Intenção é o desejo deliberado de alguém realizar alguma ação.

Allan Kardec preocupou-se muito em esclarecer, do ponto de vista espiritual, como Deus ajuíza e quantifica o mérito ou demérito de cada ação humana. Simplificando: quais os graus de inocência ou culpa, de atenuantes ou agravantes (bônus ou ônus) de cada ato, de cada homem.

Considerando a sublime plataforma na qual Kardec se posicionou para levar adiante a codificação da Doutrina dos Espíritos, óbvio que essa sua pesquisa também foi direcionada inteiramente para as consequências morais de tudo aquilo que o ser realiza.

Resulta notável a intuição de Kardec ao enfocar esse aspecto em particular, no longo roteiro evolutivo de cada espírito, e cumpre atentar que à sua época a Ciência e a Religião preponderavam no pensamento humano e abominavam a reencarnação. Por conseguinte, havia (como ainda hoje há) desconhecimento generalizado da Lei Divina de Justiça, naquilo que consubstancia ação e reação, plantação e colheita, consoante magistralmente Jesus enunciou: "A cada um a retribuição será de acordo com o seu comportamento"[19].

Nesse contexto, uma vez mais desponta a abençoada sutileza de raciocínio e o filantropismo de Kardec, preocupando-se em pavimentar com esclarecimentos lógicos a sinuosa estrada da caminhada terrena, em que tantos paradoxos parecem atropelar os que nela trilham (maioria da humanidade) sem o entendimento da justiça divina.

Pois, de fato, vem de longe a inexplicabilidade de uma Justiça Superior que permite a réprobos morais prosperar, ao passo que tragédias alcançam pessoas de boa conduta e até mesmo crianças de tenra idade...

Tais fatos, de aparente injustiça, se submetidos ao sol do meio-dia (a lógica) e focados pelas lentes da reencarnação, certamente aquecerão com entendimento as mentes desabrigadas e a frieza da desconfiança na sabedoria e no amor do Criador.

Voltando à intenção, não negamos que raramente ela é impulsionada por apenas um vetor, a chamada "primeira intenção", no caso, intenção única.

Intenção única é aquela na qual o agente visa a apenas um objetivo, uma resultante. Talvez seja permitido supor que

19. Mateus, 16: 27.

Jesus, ao se deslocar das alturas celestiais para conviver conosco, teve a intenção exclusiva de nos ajudar mais diretamente, agindo por amor. Só por amor! Nesse diapasão de fraternidade, Allan Kardec, predispondo-se a codificar o Espiritismo, objetivou colocar ao alcance da humanidade sublimes mensagens recebidas – por intermédio da mediunidade – de espíritos de ordem elevada, submeteu-as ao crivo da razão e codificou-as de forma apropriada.

Exceção daquilo que fazem os homens de bem, minoria no nosso planeta, quase tudo o que aqui é feito tem por apoio a resultante da segunda, da terceira ou até de mais ações, as quais se encadeiam, como elos da corrente.

O homem assim procede, para o bem ou para o mal, consciente ou inconscientemente. É dessa forma que, sem generalizar, vê-se:

✔ aquele que se especializa tem por meta conseguir bom emprego, bom salário... mas também vida confortável;

✔ o médico que se forma pretende curar doenças... mas também uma posição profissional relevante;

✔ o político se esforça para ser eleito para ajudar a comunidade... mas também ser aclamado;

✔ o atleta que treina com denodo mira superar marcas... mas também o êxtase do pódio, da vitória, da fama;

✔ o espírita estuda as lições do Espiritismo para compreender cada vez mais a razão da existência... mas também para promover a autorreforma.

*

Assim é que a primeira intenção não é a melhor, não é a única, nem a principal, mas um alicerce para a construção de um projeto, que pode se dirigir a outros focos. É por isso que na vida há surpresas: boas ou más...

O homem desconfia do próprio homem e amiúde se ouve: "fulano agiu assim com segunda intenção". Ou então perguntas expressas ou ocultas: "quais serão as intenções desse acontecimento?", "o que será que ele/ela quis dizer com isso?", "com que objetivo fulano fez tal coisa?".

Num exemplo singular, referente aos danos da competição, que é uma das maiores causas de desavenças e infelicidades, num inocente jogo de xadrez encontraremos os competidores fazendo seus lances à vista, mas na verdade, quase sempre, o que parece traz intenção oculta. O jornal O *Atibaiense*, da cidade de Atibaia/SP, na edição nº 7.569, de 14 de janeiro de 2006, publica reportagem citando que uma pessoa especial, daquela cidade, no ano de 1997 assombrou o mundo enxadrístico ao jogar simultaneamente com vários adversários e em uma das partidas anunciar que daria xeque-mate em 12 lances, fossem quais fossem as jogadas do respectivo competidor! E isso aconteceu![20]

Nós, ainda limitados mourejantes da estrada evolutiva, dificilmente agimos com intenção única. E foi por causa disso

20. Consta que essa incrível façanha está registrada no *Guinness Book* (*O Livro dos Recordes*), de 1998.

que Kardec houve por bem dirigir algumas perguntas aos esclarecedores siderais, cujas respostas ele, em boa hora, deixou registradas em *O Livro dos Espíritos*. Ei-las, por números:

"658. A prece é agradável a Deus?

– A prece é sempre agradável a Deus quando é do coração, porque a intenção é tudo (...)

670. Os sacrifícios humanos feitos com intenção piedosa algumas vezes puderam ser agradáveis a Deus?

– Não, nunca. Mas Deus julga a intenção (...).

672. A oferenda dos frutos da terra, feita a Deus, tem mais mérito aos seus olhos do que o sacrifício de animais?

– Já vos respondi ao dizer que Deus julga a intenção (...).

747. O assassinato tem sempre o mesmo grau de culpabilidade?

– Já o dissemos: Deus é justo, julga mais a intenção do que o fato.

749. O homem é culpado pelos assassinatos que comete durante a guerra?

– Não, quando constrangido pela força, embora seja culpado pelas crueldades que comete. O sentimento de humanidade com que se portou será levado em conta".

Mais à frente em *O Livro dos Espíritos*, na Parte Quarta, Kardec aborda de modo enfático as variáveis do equivocado ato do suicídio. Algumas:

*

"948. O suicídio que tem por objetivo escapar da vergonha de uma má ação é tão condenável quanto aquele que é causado por desespero?

– O suicídio não apaga o erro. (...) A Providência a tudo julga e, de acordo com a causa, pode, algumas vezes, diminuir seus rigores.

949. O suicídio pode ser desculpável quando tem por objetivo impedir que a vergonha recaia sobre filhos ou sobre a família?

– Aquele que age desse modo não procede bem, embora acredite que o faça. A Providência leva isso em conta, porque é uma expiação que se impõe a si mesmo. Ele atenua seu erro pela intenção (...)

951. O sacrifício da vida não é algumas vezes meritório, quando tem por objetivo salvar a de outras pessoas ou ser útil aos seus semelhantes?

– Isso é sublime, de acordo com a intenção, e nesse caso não é um suicídio (...)".

Nota: A propósito de alguém se matar pensando em ser útil a outrem, vamos citar dois casos de suicídio, autodeliberados, de certa forma similares e de difícil enquadramento quanto à culpabilidade.

1º – No caso "O pai e o conscrito"[21], em 1859, um pai de família, ao saber que seu filho fora convocado para ir combater

21. O *Céu e o Inferno*, de Allan Kardec, Segunda Parte, cap. 5.

na guerra da Itália, não podendo livrá-lo desse compromisso militar, suicidou-se, para que esse filho não fosse, já que pela lei passaria a ser o "arrimo de família" (da mãe, então viúva). Evocado, o espírito reportou que sofria muito, justamente, mas que teve abrandamento da pena, pois compreendia que sua ação não deixou de ser má. O Espírito São Luís acrescentou que nesse caso o motivo propiciou atenuante, e que "Deus, que é justo e vê o fundo dos corações, não o pune (ao suicida) senão de acordo com suas obras".

2º – A inolvidável médium Yvonne A. Pereira (1906-1984) narra que na cidade de Pirapora/MG[22], na época da Segunda Guerra Mundial (1939-1945), uma pobre senhora "sem orientação espiritual eficiente, tinha um filho que era a razão do seu viver, as primícias da sua vida". Sendo esse filho convocado para partir para a Itália, a mãe, conquanto muito religiosa, católica, fez veemente promessa a Deus de dar a própria vida em troca da vida e da saúde desse filho, caso ele retornasse da guerra são e salvo. Foi o que aconteceu. Sabendo da promessa da senhora, muitos, inclusive o vigário local, tentaram dissuadi-la desse equivocado propósito. Debalde. Um ano depois ela se atirou às violentas águas da cheia do Rio São Francisco, vindo a falecer. Comenta Yvonne: "que o leitor amigo nos ajude a classificar esse caso de suicídio, porque, em verdade, não sabemos como apreciá-lo. Auto-obsessão? Obsessão real? Enfermidade nervosa? Revolta contra Deus e

22. *Cânticos do Coração*, de Yvonne A. Pereira, vol 2, cap. 3, 1995, Edições Celd, RJ.

a Vida? Ignorância das Leis de Deus? Amor materno elevado ao fanatismo? Desequilíbrio mental pelo horror à guerra? Nas nossas observações não encontramos caso igual. Todavia, as intenções pesam muitíssimo para as Leis Divinas, embora não cheguem a tudo justificar".

"954. Será condenável uma imprudência que compromete a vida sem necessidade?

– Não há culpabilidade, em não havendo intenção, ou consciência perfeita da prática do mal".

Nota: O caso dos "camicases" (do japonês: *kamikases*), pilotos que na Segunda Guerra Mundial, tanto quanto atualmente os "homens-bomba" (conflitos Palestina x Israel, Iraque x EUA), que ao se sacrificarem o fizeram ou fazem por "patriotismo" ou por ilusão de vida paradisíaca após a morte, expõe desconhecimento da vida contínua. A mim, como espírita, não objeta imaginar que Deus levará em conta essa ignorância e a intenção, não obstante a necessidade de dolorosa reconstrução com a qual terão que arcar, face o mal que causaram a outrem. Contudo, mais responsabilizados e penalizados pela própria consciência serão os líderes que induziram seus subordinados a assim proceder, conquanto também eles assim agiram por descrença ou mesmo desconhecimento das vidas sucessivas.

Kardec abordou as nuanças da intenção em outras duas oportunidades:

Referindo-se com severidade ao delicadíssimo tema do *charlatanismo e do embuste*[23], estabelece enérgica diferença entre os médiuns que cometem abuso e aproveitamento (especuladores), daqueles que, impedidos de trabalhar, dedicam-se (com retribuição) de forma eminentemente séria e útil. Reporta que "conforme o motivo e o fim, podem, pois, os espíritos condenar, absolver e, até, auxiliar. Eles julgam mais a intenção do que o fato material";

Na mesma obra, referindo-se às "Reuniões espíritas", promulga[24] enfaticamente que cada uma delas "é um ser coletivo", pelo que, 20 pessoas, unindo-se com a mesma intenção, vibrando em uníssono, terão mais força do que uma só.

23. O *Livro dos Médiuns*, de Allan Kardec, Segunda Parte, cap. 23, item 311.
24. O *Livro dos Médiuns, de Allan Kardec*, Segunda Parte, cap. 29, item 331.

Justiça divina: determinismo ou fatalidade?

Determinismo e fatalidade são dessas palavras que sem serem sinônimas têm seu entendimento dificultado, pois a fronteira dos seus significados, que as devia separar, é tênue, posto que se há confronto entre algumas das suas características, em outras elas coexistem:

▸ Determinismo

✔ Teoria filosófica segundo a qual os fenômenos naturais e os fatos humanos são causados por seus antecedentes; "o homem é fruto do meio ambiente".

✔ Não há o acaso: há encadeamento de causa-efeito entre dois ou mais fenômenos.

▸ Fatalidade

✔ Destino inevitável.

✔ Consequência inarredável e desastrosa de algum acontecimento.

✔ Coincidência deplorável.

✔ Acaso infeliz.

O tema se presta a estudos e reflexões, pois num e noutro caso o que está em foco é a vida humana com seus ganhos e perdas, até o horizonte final: a morte do corpo físico.

Sobre todos nós pairam as Leis Divinas, baseadas na Lei do Amor, sagrada e única!

Em razão da sabedoria do Criador, estamos todos sob ação direta da justiça divina!

É dentro desse foco que a seguir são apresentadas as premissas de algumas pesquisas.

Determinismo

Enfoques espíritas

▶ Determinismo divino: a evolução!

Uma única lei: o amor universal! Cujas resultantes são: o bem e a felicidade. (Espírito Emmanuel, em O *Consolador*, questão nº 134,RJ: FEB, 1976, 6ª Ed.)

▶ Determinismo natural

Expressões do mundo físico: nascer / respirar / alimentar-se / repousar / morrer.

*

▸ Determinismo humano

Expressa-se pela Lei Divina de Ação e Reação, vulgarmente denominada "carma" (expressão muito utilizada entre os hindus e que em sânscrito significa "ação", porém, a rigor se traduz por "Lei de Causa e Efeito", já que para toda ação existe um impulso anterior).

É sempre consequência do uso do livre-arbítrio.

Aqui será útil definir alguns conceitos:

✓ Carma: "para nós o carma expressará a conta de cada um – débitos/créditos – (...) conta do destino, criada por nós mesmos". (Espírito Sânzio, em *Ação e Reação*, cap. 7, RJ: FEB, 1976, 5ª Ed.)

✓ Livre-arbítrio: "edificação consciente do próprio destino, pela escolha do caminho que desejar, na rota evolutiva". (Martins Peralva, em *Estudando o Evangelho*, cap. 30, RJ: FEB, 1992, 6ª Ed.)

✓ Programas reencarnatórios: "mapa de provas úteis, organizado com antecedência, como decisão antecipada das condições físicas e dos lugares mais adequados à evolução do espírito a reencarnar". (Espírito Alexandre, em *Missionários da Luz*, cap. 13, RJ: FEB, 1988, 21ª Ed.)

✓ "Desencarnação precoce ou adiada/reencarnação de emergência: concessões ofertadas a encarnados e desencarnados, por gênios angélicos das sublimadas regiões celestes de cada orbe. Exemplo: *Vide* o caso de Marita, que sofreu acidente gravíssimo, a que deu causa, sendo sua morte adiada por alguns dias, para reajustes indispensáveis e oportunos, e que, após desencarnar, em breve teve 'reencarnação de emergência'". (Espírito Félix, em *Sexo e Destino*, Segunda Parte, cap. 9, RJ: FEB, 1985, 11ª Ed.)

▸ Determinismo e livre-arbítrio

Ouçamos novamente o Espírito Emmanuel, que agora acopla determinismo ao livre-arbítrio, em *O Consolador*, já citado:

À questão nº 132: "Determinismo e livre-arbítrio coexistem, entrosando-se na estrada dos destinos, para a elevação e redenção dos homens. Nem sempre, contudo, são proporcionais: o primeiro é absoluto nas baixas camadas evolutivas, e o segundo amplia-se pela educação e experiência".

E à questão nº 133: "Na zona de pura influenciação espiritual, o homem é livre na escola do seu futuro caminho".

Assim, é o próprio homem que cria as circunstâncias presentes e futuras.

▸ Determinismo e evolução

Leciona Manoel P. Miranda, em *Loucura e Obsessão*, cap. 25, RJ: FEB, 1990, 2ª Ed.:

"O determinismo é o resultado natural das realizações em cada etapa da evolução.

Pode ser absoluto ou relativo":

✔ Absoluto: fatalidade do nascer e morrer em corpo físico; em expiações mutiladoras e dilacerantes; em vários tipos de injunção penosa; em várias áreas sociais; em várias situações financeiras;

✔ Relativo: alterável pelo livre-arbítrio em razão das realizações eleitas; boas escolhas, em ordem com Deus, paz, harmonia; más escolhas, na contramão divina, insucessos e dor.

Sempre, porém, objetivando o bem do espírito, suas aquisições libertárias, sua ascensão.

Diz-nos o Espirito Sânzio, em *Ação e Reação*, cap. 7, RJ: FEB, 1976, 5ª Ed.:

"O determinismo pode ser irresistível nas esferas primárias da evolução".

▶ Lei divina da compulsoriedade – "Cassação" do livre-arbítrio

Decorrente da análise dos ensinos dos espíritos superiores pedimos licença para, com muito respeito, refletir sobre a provável existência da *lei da compulsoriedade* (referente a reencarnações punitivas), contida no determinismo divino:

1) Questão nº 262 de *O Livro dos Espíritos*, de Allan Kardec, SP: Petit Editora, 1999: "No entanto, perante a Lei, um Espírito pode ter uma encarnação compulsória quando, por sua inferioridade, ou má vontade, não está apto a compreender o que lhe poderia ser mais útil e quando essa encarnação pode servir à sua purificação e adiantamento, ao mesmo tempo que lhe sirva de expiação".

É o caso daquele espírito que, obtendo uma ou várias chances de melhoria moral, teima em cometer erros sobre erros.

2) Item nº 8 do cap. 5 de *O Evangelho Segundo o Espiritismo*, de Allan Kardec, SP: Petit Editora, 1997: "As tribulações da vida podem ser impostas aos espíritos endurecidos, isto é, teimosos no mal ou muito ignorantes, ainda incapazes de fazer uma escolha consciente".

3) Espírito Manoel P. Miranda, em *Nas Fronteiras da Loucura*, BA(Salvador): Leal, 1997, 9ª Ed.: "Quando não funcionem os estímulos para o progresso e o Espírito deseje postergá-lo, imposições da própria Lei jungem-no ao processo de crescimento, mediante as expiações lenificadoras que o depuram, cooperando para a eliminação das sedimentadas mazelas que o martirizam...".

4) Léon Denis, em *O Problema do Ser, do Destino e da Dor*, RJ: FEB, 1993, 17ª Ed.: "Inteligências diretoras, visando ao proveito, evolução e expurgo do nosso passado, fazem elas próprias, em alguns casos, a difícil escolha de nossas provas".

5) Manoel P. Miranda, em *Nos Bastidores da Obsessão*, RJ: FEB, 1976, 2ª Ed.: "Pacientes há, rebeldes de tal monta, que o melhor medicamento para a saúde deles é a continuação do sofrimento em que se encontram...".

6) Emmanuel, em *O Consolador*, à questão n.º 96, oferta precisa informação quanto ao espírito envelhecido nos abusos do mundo, portador de doenças incuráveis, estas como estação de tratamento e de cura, e quanto às enfermidades d'alma,

persistentes: "podem reclamar várias estações sucessivas, com a mesma intensidade nos processos regeneradores".

Obs.: Encontramos uma informação complementar referente à compulsão dos espíritos rebeldes, prestada pelo Espírito Anacleto, em *Missionários da Luz*, RJ: FEB, 1988, 21ª Ed.: "Bons Espíritos auxiliam Espíritos enfermos por até dez vezes consecutivas, mas se estas oportunidades voam sem proveito, o atendido é entregue à própria sorte, até que adote nova resolução. Quando a sós aprender lições novas e se melhorar, voltará a ser socorrido".

7) Espírito Irmão João, em *Memórias de Um Suicida*, RJ: FEB, 1975, 5ª Ed.: "A reencarnação punitiva é medicamentação, apenas! Um gênero de tratamento que a urgência e a gravidade do mal impõe ao enfermo (espíritos suicidas sem condições de algo tentarem voluntariamente)! Operação dolorosa que nos pesa fazer, mas à qual não vacilamos em conduzir os pacientes, certos de que somente depois de realizada é que entrarão eles em convalescença".

Obs.: Na 2ª Parte, cap. 3 dessa mesma obra, há novas informações referentes a reencarnações compulsórias.

8) Inolvidável esclarecimento, qual enérgico alerta é-nos dado pelo Assistente Áulus, em *Nos Domínios da Mediunidade*, cap. 15, RJ: FEB, 1976, 8ª Ed.:

"Espíritos infortunados que se comprazem na loucura sem se fatigarem serão levados a prisão regeneradora, pela Lei. (...) Há dolorosas reencarnações que significam luta expiatória para almas necrosadas no vício. Ex: o mongolismo, a hidrocefalia, a paralisia, a cegueira, a epilepsia secundária, o idiotismo, o aleijão de nascença e muitos outros recursos".

9) Espírito Silas, em *Ação e Reação*, cap. 15, RJ: FEB, 1976, 5ª Ed. : "O homem que tiraniza a mulher, furtando-lhe os direitos e cometendo abusos, em nome de sua pretensa superioridade, queda-se a tal ponto que, inconsciente e desequilibrado terá renascimento doloroso, com inversão sexual compulsória por imposição dos agentes da Lei Divina. Renascerá em corpo feminino para que, no extremo desconforto íntimo aprenda a venerar na mulher sua irmã e companheira, filha e mãe".

Fatalidade

Em se tratando de "fatalidade", é comum ser ressaltada a doutrina do "fatalismo".

a. Segundo a Filosofia, fatalidade é "atitude ou doutrina que admite que o curso da vida humana está previamente fixado, sendo a vontade ou a inteligência impotentes para dirigi-lo ou alterá-lo". (*Novo Dicionário Básico da Língua Portuguesa* – Folha/Aurélio, 1994-1995, SP: Nova Fronteira)

b. "O fatalismo é doutrina que considera todos os acontecimentos como irrevogavelmente marcados por uma causa única e sobrenatural. (...) Os fatalistas se abandonam sem reação aos fatos e acontecimentos." (*Grande Enciclopédia Larousse Cultural*, 1990, vol. 4, SP: Ed. Universo Ltda.)

Depreende-se que os adeptos do fatalismo abandonam-se passivamente aos acontecimentos: arquivam a inteligência e o livre-arbítrio, duas ferramentas doadas por Deus para uso em toda e qualquer situação: não reagem; não criam; nada decidem; nada resolvem. Em primeira e última instância, acomodam-se.

Enfoques espíritas

O Espiritismo, ao contrário, parte sempre do pressuposto do jamais ausente auxílio do plano maior a todos aqueles que, na angústia ou na dor, oram e pedem ao Pai de Amor. Tal postura, obviamente, não é exclusiva dos espíritas, mas sim das pessoas de bom senso e que têm fé em Deus e em todos os Seus emissários celestiais.

1) "Sem dúvida alguma, há leis naturais e imutáveis que Deus não anulará conforme os caprichos de cada um. Mas daí a se acreditar que todas as circunstâncias da vida estejam submetidas ao que se usa chamar de fatalidade, há uma grande diferença. Se fosse assim, o homem seria apenas um instrumento passivo, sem livre-arbítrio e sem iniciativa." (Allan Kardec, em *O Evangelho Segundo o Espiritismo*, cap. 27, item 6, SP: Petit Editora, 1997)

Exemplo de dificuldade seguida de reação ou de acomodação:

✔ nas regiões da seca, convivem abundância e miséria porque, no primeiro caso, com irrigação artificial, cisternas e poços artesianos construídos ensejam colheitas fartas de várias frutas e legumes e abastecimento de água potável, enquanto que, no segundo caso impera o conformismo inoperante, sob o herético lema fatal do *Deus quer assim...*

✔ alguém perdido no deserto, sem água e com sede horrível poderá entregar-se à morte, ou, ao contrário, diante da adversidade, no mínimo, orar; assim, quem sabe a prece, embora não lhe traga água, evoque algum espírito protetor que poderá orientá-lo a seguir determinada direção para encontrá-la?

Obs.: Esse segundo exemplo é de Allan Kardec, em *O Evangelho Segundo o Espiritismo*, cap. 27, item 8.

Dessa forma, pelas ações do indivíduo ele pode alterar sua vida e até seu futuro, com o que, assim, fica excluída a hipótese de *fatalidade cega*.

2) "A fatalidade é um efeito inteligentemente corretivo de uma causa das ações praticadas pelo homem, na Terra ou no além." (Espírito Rosália, em *Memórias de um Suicida*, 2ª Parte, cap 5, RJ: FEB, 1975, 5ª Ed.)

3) "Deus criou o livre-arbítrio, nós criamos a fatalidade." (Espírito: mãe de André Luiz, em *Nosso Lar*, cap. 46, RJ: FEB, 1998, 48ª Ed.)

4) Resgates: "O expressivo montante dos nossos débitos do pretérito a ser resgatado é elaborado em programas que significam uma espécie de fatalidade relativa, onde nossa conduta pode gerar benefício ou desfavor". (Espírito Clarêncio, em *Entre a Terra e o Céu*, Cap 2, RJ: FEB, 1990, 13ª Ed.)

5) A fatalidade segundo *O Livro dos Espíritos*:

✔ Questão nº 853: De fatal, só o instante da morte.

✔ Questão nº 859: A fatalidade só consiste nestas duas horas: nascimento e morte.

Obs.: Será sempre perigoso radicalizar. Como vimos, no caso "Marita", na obra *Sexo e Destino*, de André Luiz, tanto o instante da morte foi prorrogado, quanto a próxima reencarnação antecipada. Não há contradição, o que há é nosso desconhecimento das Leis de Deus.

✓ Questões nº 851, 856, 860, 862 e 866:

Provas físicas: escolha feita pelo espírito antes de reencarnar.

Provas morais: poderão ser aumentadas ou diminuídas.

A maneira de morrer pode ser modificada, por lutas a sustentar.

(Assim, há fatalidade nos acontecimentos materiais e inexiste nos atos da vida moral, os quais podem ser desviados).

✓ Questão nº 855: Os perigos são advertências (do anjo guardião).

(Quanto às previsões espirituais – sonhos premonitórios, por exemplo, são também advertências e não afirmação categórica de acontecimentos fatais).

✓ Questões nº 261 e 865: Sorte no jogo significa ganho como homem e perda como espírito.

Essa é uma espécie de alegria escolhida anteriormente (provação), sendo-lhe concedida como tentação (sem o acaso...), isto é, prova para seu orgulho e cupidez.

Justiça divina

Tratando dos males desta vida sem que ações anteriores os justifiquem, muitos foram os filósofos que desacreditaram ou que ainda desacreditam na justiça divina, uma vez que segundo o que é pregado pela maioria das religiões, Deus é justo – invariavelmente justo. Repetindo o que popularmente se diz: "Deus jamais coloca cruz em ombro errado".

Tais filósofos arrimam sua descrença à vista de tantas infelicidades terrenas: "fatalidades" individuais ou coletivas, quais acidentes inevitáveis, perda de seres amados, reveses da fortuna, vitimação decorrente de flagelos naturais, enfermidades de nascença, condenação de inocentes, "balas perdidas" etc.

"Entretanto, em virtude do princípio de que todo efeito tem uma causa, essas misérias são o efeito que deve ter uma causa. E, desde que se admita um Deus justo, essa causa deve ser justa. Portanto, como a causa vem sempre antes do efeito, se não está na vida atual, deve ser anterior a esta vida, ou seja, está numa existência anterior." (Allan Kardec, em *O Evangelho Segundo o Espiritismo*, cap. 5, item 6, SP: Petit Editora, 1997)

A bênção das existências sucessivas (reencarnação) ilumina qualquer dúvida filosófica sobre essas "fatalidades", depreendendo-se que todos esses acontecimentos são consequências (efeitos), cujos antecedentes (causas) estão no passado.

Do contrário, de fato, não se admitiria a justiça divina, perfeita!

Não existe maior evidência filosófica das vidas sucessivas!

*

Uma última consideração se impõe: em todos os casos de morte trágica, inevitáveis, admitindo-se que as vítimas tenham responsabilidade proveniente desta ou de outra vida, até mesmo alguns reencarnacionistas podem questionar:

✔ como é que as Leis Divinas decidem e administram, num acidente aéreo, por exemplo, quem "deve morrer" e quem "deve se salvar", ajustando tudo milimetricamente para que tal aconteça, programando acontecimentos que se desenrolarão, às vezes, em fração de segundos?

✔ quando morrem dezenas, centenas de pessoas, sendo que não raro uma ou apenas algumas sobrevivem, como é que os espíritos responsáveis pela vida e morte deles os posiciona no avião, no momento exato de incêndio, explosão ou queda?

✔ esse avião que caiu foi derrubado pelos espíritos protetores que cumprem a vontade de Deus?

Os questionamentos são razoáveis, sensatos.

Mas as respostas, quem as tem, segundo penso, são os espíritos superiores, que agem em cumprimento a orientações de Deus presentes nas Leis Morais, máxime a Lei de Justiça, também expressa por ação e reação, muito conhecida como "carma", expressão cuja origem e significado já registrei neste mesmo capítulo.

E, nesse caso, por enquanto, no contexto moral terreno não se poderá afirmar que existam espíritos com tal evolução e grandeza moral, capazes de dissertar sobre detalhes.

No entanto, Allan Kardec, em *O Livro dos Espíritos*, às questões nº 526 a 528, tratando da "Influência dos Espíritos sobre os acontecimentos da vida", dá-nos pistas, citando:

✔ alguém cai de uma escada e morre;

✔ uma pessoa se abriga da chuva debaixo de uma árvore e é fulminado por um raio;

✔ uma pessoa mal intencionada dispara sobre outra um projétil e essa pessoa se desvia...

Registra que nessas três circunstâncias houve, sim, ação direta de espíritos, atuando dentro das leis da natureza, para que tais fatos ocorressem: a escada estava podre, o raio ia cair naquele local, e a bala foi dirigida à vítima com pontaria certeira.

Considere-se, porém, que os espíritos têm ação sobre a matéria, para cumprir leis da natureza, jamais para as derrogar. No entanto, nos três eventos citados, apenas inspiraram as pessoas: a primeira, para subir na tal escada podre; a segunda, para se abrigar debaixo daquela árvore e à terceira, para que se desviasse no momento exato.

Não se diga, em crítica apressada, que tais espíritos agiram maldosa ou insensivelmente: nos dois primeiros exemplos, agiram qual pai ou mãe que, com o coração em lágrimas, leva o filho gravemente enfermo ao hospital para uma cirurgia curativa; no terceiro exemplo, como esse mesmo pai ou mãe que livra o filho de um perigo iminente.

*

Grandes males, via de regra, são amargo remédio...

Resta como reflexão, fé e verdade inabaláveis, inquestionáveis e definitivas, que no mar da vida nenhum ser vivo é barco à matroca (à deriva, sem rumo), pelo que os acontecimentos notáveis das suas existências estão sim, sob "administração do Plano Maior", sábio e justo.

Repetindo: sobre todos nós pairam as Leis Divinas, baseadas na Lei do Amor, sagrada e única!

Segundo Advento do Cristo

Não espíritas, mas interessados em conhecer o que registra o Espiritismo sobre o tema, elaboraram as seguintes perguntas, que passo a responder:

► 1. Allan Kardec no livro A *Gênese*, no capítulo referente ao Segundo Advento do Cristo, destaca dois trechos do *Evangelho*:

Em Mateus, 16: 24-28, temos: "Disse então Jesus a seus discípulos: Se alguém quiser vir após mim, que tome sua cruz e siga-me.

Pois aquele que quiser salvar sua vida perdê-la-á, e aquele que perder sua vida por amor de mim a reencontrará. E de que valeria ao homem ganhar todo o mundo, e perder sua alma? Ou por que preço poderá o homem resgatar sua alma, depois de havê-la perdido? Pois o Filho do homem deve vir na glória de seu Pai, com seus anjos, e então dará a cada um segundo suas obras".

"Digo-vos em verdade, há alguns dos que estão aqui, que não experimentarão a morte senão depois de haverem visto o Filho do homem vir em seu reino."

Em Marcos, 14: 60-63 temos: "Então o sumo sacerdote levantou-se no meio da assembleia, interrogou a Jesus e lhe disse: Vós não respondeis nada aos que depõem contra vós? – Mas Jesus permaneceu em silêncio e nada respondeu".

"O sumo sacerdote ainda o interrompeu e lhe disse: Sois vós o Cristo, o filho de Deus abençoado para sempre?

Jesus lhe respondeu: Eu sou, e vereis um dia o Filho do homem sentado à direita da majestade de Deus, vindo sobre as nuvens do céu.

Logo o sumo sacerdote, rasgando suas vestes, lhes disse: Que necessidade temos de mais testemunhas?"

Os dois trechos descritos são apontados por Kardec, em *A Gênese*, como anúncio da segunda vinda de Jesus. Deles faz a seguinte interpretação:

"Jesus anuncia seu segundo advento, mas não diz que virá sobre a Terra com corpo carnal, nem que o Consolador será personificado nele, portanto ele se apresenta como devendo vir em espírito, na glória de seu Pai, julgar o mérito e o demérito, e dar a cada um segundo suas obras, quando os tempos forem chegados".

– Diante dos trechos do *Evangelho* e também da interpretação feita por Kardec, gostaríamos de saber qual é a atual interpretação dada pelo Espiritismo e, por favor, qual a sua opinião em relação a todas essas questões?

R: Os trechos citados e as respectivas perguntas formam um grande painel, cuja síntese espírita, sempre concorde com Kardec, pode ser a seguinte:

A vida eterna é a do espírito – a física, efêmera. Convém, pois, que cuidemos da primeira, com desprendimento da segunda (a material);

Jesus vir com anjos para dar reconhecimento (méritos) subentende a aplicação, pelo plano espiritual, da Lei Divina de Justiça, que terá repercussão na Terra, onde atualmente vivem os bons junto com os maus; tal aplicação terá por objetivo separá-los, de forma que:

✔ os bons receberão passaporte (créditos, virtudes) para permanecer na Terra, então regenerada (planeta de regeneração é aquele onde o bem supera ao mal);

✔ os maus terão emigrado compulsoriamente para mundos mais atrasados do que este, onde levarão progresso, ao mesmo tempo em que se redimirão.

O diálogo entre o sumo sacerdote e Jesus expõe despotismo e preconceito no primeiro, e segurança plena, no segundo;

Uma segunda vinda de Jesus nos remete inicialmente a três reflexões:

1ª – um segundo advento de Jesus pode perfeitamente ocorrer. Ele o afirmou categoricamente. Assim, o que impediria tal ocorrência?

2ª – Para os não cristãos (cerca de 4,5 bilhões), Jesus não seria o "Cristo" (ungido de Deus, o Messias), o qual nem sequer teria vindo uma primeira vez.

No atual patamar religioso terreno, uma eventual volta de Jesus, como da primeira vez, pelo menos para muitos, provavelmente não o fará ser considerado o Messias. Como vemos, aqui há um embate de credos...

3ª – Para a maioria dos cristãos (espíritas, em particular), Jesus não retornará porque... jamais nos deixou, ou deixaria. Apoiam-se em Mateus, 28: 20: "Eis que estarei com vocês todos os dias, até o fim do mundo".

Da minha parte, excluindo a segunda reflexão, primeira e terceira conciliam-se, tanto uma quanto outra são viáveis. Ademais, essa questão da "volta de Jesus" deve ser encarada com prudência. Para começar, três dias após a crucificação ele esteve com os Apóstolos, a partir da Estrada de Emaús (Lucas, 24: 31).

Além da opinião acima citada, colhi a de outros quatro espíritas, todas bem econômicas, demonstrando que o tema não se presta a grandes dissertações... Ei-las:

1ª – Em *Sessões Práticas e Doutrinárias do Espiritismo*, de Aurélio A.Valente, cap. 9, RJ: FEB, 1937:

"Jesus descerá em toda a sua glória, dirigindo a falange dos Espíritos eleitos do Senhor. De acordo com as escrituras, Ele veio entre os hebreus restabelecer o reino de Deus, mas não foi reconhecido porque eles esperavam o reinado dos homens";

2ª – Em *Allan Kardec*, de Z.Wantuil e F. Thiesen, vol. 3, RJ: FEB, 1982, 2ª Ed.:

"(...) a vinda de Jesus, anunciada no *Evangelho*, processar-se-á, no porvir, quando necessária, no tempo certo, que não sabemos avaliar";

3ª – *Em Jesus – nem Deus, nem homem*, de Guillon Ribeiro, RJ: FEB, 1990, 3ª Ed.:

"Esse segundo advento (de Jesus) se dará quando o mesmo Jesus, como Espírito da Verdade, vier em todo o seu fulgor espírita ao planeta terreno purificado e transformado, na qualidade de seu soberano, visível para as criaturas também purificadas e transformadas, mostrar a verdade sem véu";

4ª – Em *Quando voltar a primavera*, de Amélia Rodrigues, psicografia de Divaldo P. Franco, BA(Salvador): Leal, 1997, 6ª Ed.:

"Jesus prossegue sendo a eterna Primavera por que todos anelamos. Esperar a Sua volta é a ambição que devemos, no momento, acalentar, preparando a Terra desde então para esse momento de vida, beleza e abundância...".

▶ 2. – Qual, na sua opinião, deve ser o verdadeiro sentido das palavras de Jesus proferidas neste trecho que, segundo Kardec, em *A Gênese*, cap. 17, item 45, parecem encerrar uma contradição?

"Há alguns dos que aqui se encontram que não experimentarão a morte senão depois de terem visto o filho do homem em seu Reino."

R: Com Kardec, sempre, opino que para alcançarmos o entendimento das palavras de Jesus, elas devem ser enquadradas nas vertentes da reencarnação. Sendo assim, o trecho ficaria desta forma:

"Muitos dos que agora me ouvem ainda estarão comigo, quando a Lei do Amor, cujo conhecimento e exemplificação lhes dei, regular as ações humanas. Viverão várias existências (terrenas) até que isso aconteça e então virei buscá-los, para novas tarefas missionárias em outras moradas do meu Pai".

(Ir para outros mundos seria a morte, sempre figurativamente, de novas vidas aqui).

Quanto às contradições nos textos bíblicos, sugiro considerarmos que:

1º – No livro *Jesus e Sua Doutrina*, de A. Leterre, RJ: FEB, 1934, o autor registra que, no Concílio de Nicéia, 318 bispos e arcebispos não haviam chegado a um acordo sobre a veracidade dos Evangelhos; por esse motivo, o Papa decidiu colocar debaixo do altar todos os 30 alfarrábios e muitos outros Evangelhos apócrifos para que o Cenáculo, concentrado (como numa sessão espírita?...), invocasse o espírito do próprio Cristo, para indicar dentre os escritos quais eram os verdadeiros.

Assim foi feito: os livros foram atirados para baixo do altar; fez-se a invocação; após algum tempo apareceram (!!!) sobre o altar os quatro livros que hoje compõem o Novo Testamento: os de Mateus, Marcos, Lucas e João.

2º – São Jerônimo (347-419 ou 420), padre e doutor da Igreja Romana, a pedido do Papa Dâmaso, em 382, iniciou a revisão do texto latino da *Bíblia*. Eram incontáveis as controvérsias teológicas. Léon Denis (1846-1927), em sua obra *Cristianismo e Espiritismo*, cap. 1, RJ: FEB, 1992, 9ª Ed., consigna que Jerônimo se sentiu extremamente dificultado para escolher, dentre tantos textos, quais eram os mais sensatos. Eis as palavras do padre ao Papa:

"Da velha obra me obrigais a fazer obra nova. Quereis que, de alguma sorte, me coloque como árbitro entre os exemplares das Escrituras que estão dispersos por todo o mundo, e, como diferem entre si, que eu distinga os que estão de acordo com o verdadeiro texto grego. É um piedoso trabalho, mas é também um perigoso arrojo, da parte de quem deve ser por todos julgado, julgar ele mesmo os outros, querer mudar a língua de um velho e conduzir à infância o mundo já envelhecido".

Sem comentários...

▶ 3. Segundo Kardec, devemos entender os sinais dos tempos marcados por Deus como "chegados", por grandes acontecimentos que vão se realizar no sentido da regeneração da humanidade. Para isso e porque tudo quanto existe está sujeito à Lei do Progresso, devemos ter a transformação física e moral para que a perfeição da morada caminhe paralelamente à perfeição de cada habitante dela.

– Como entender esses sinais dos tempos ditos "chegados" e como o Espiritismo, na sua opinião, tem contribuído para a preparação espiritual dos habitantes dessa morada que, já está caminhando no sentido de uma transformação moral e física no futuro?

R: O planeta Terra tem a idade de 4,5 bilhões de anos.

A vida, por aqui, segundo a ciência, começou há aproximadamente três bilhões de anos.

Em *O Livro dos Espíritos*, cap. 8, que trata "Da Lei do Progresso", inexorável para tudo e todos, graças a Deus, na questão nº 780 consta que na Terra o progresso intelectual antecede ao moral e que o moral e a inteligência são duas forças que só com o tempo chegam a se equilibrar.

Olhando a atualidade, bem podemos aquilatar o quanto o mundo evoluiu, em todos os setores, principalmente nos últimos 200 anos.

De fato, houve um grande progresso moral. Por exemplo, as Cruzadas, a Inquisição, a escravidão – todas impostas pelo Estado – não passam de marcas de um passado que ficou para trás, quase não veremos mais as equivocadas atividades das Cruzadas, da Inquisição, da Escravidão – todas oficiais e cuja supressão sinaliza evidente progresso moral.

Eu não diria que o Espiritismo é o responsável por esse progresso, mas de forma alguma o excluiria dele. Apenas entendo que ainda fará muito mais pela humanidade. A ação retificadora mundial não é caminhada de minuto, mas de séculos.

Aliás, devemos considerar que a Doutrina dos Espíritos tem cerca de 1,5 século. Inteiramente consubstanciada na moral cristã ("Amar a Deus sobre todas as coisas e ao próximo como a si mesmo"), é dinâmica, sem dogmas, *pari passu* à Ciência. Tem tudo para ser o paradigma mundial do procedimento humano!

Praza aos Céus que isso aconteça antes deste milênio terminar...

▶ 4. Em Mateus, 25: 31-46, temos:

"Ora, quando o Filho do homem vier em sua majestade, acompanhado de todos os anjos, sentar-se-á sobre o trono de sua glória; e estando todas as nações reunidas diante dele, separará uns dos outros, como um pastor separa as ovelhas dos bodes, e colocará as ovelhas à sua direita e os bodes à sua esquerda. – Então o rei dirá aos que estiverem à sua direita: Vinde, vós que tendes sido abençoados por meu pai...".

– Qual a orientação dada pelo Espiritismo sobre o julgamento final, referido nesse trecho?

R: Em análise subjetiva, o Juízo Final, com separação de bodes para um lado e ovelhas para outro, nada mais será do que o reconhecimento dos méritos de cada espírito terreno, encarnado ou desencarnado: aos bons, a Terra regenerada; e aos maus, expurgo daqui, com passaporte e emigração compulsória para mundos primitivos ou mesmo de "provas e expiações", que há aos milhões, no universo.

O Juízo Final (para nós espíritas, a regeneração planetária), desse ponto de vista, não será coletivo e sim individual, nem acontecerá num exato momento para todos: na opinião de vários espíritos, desde Kardec, ele já começou e nisso, como aliás em todos os tempos, quem define com infalível acerto as coisas é a consciência de cada um, ditando-lhe seu destino.

▶ 5. No livro *A Gênese*, cap. 17, item 5, também há:

"A Humanidade tem realizado, até ao presente, incontestáveis progressos. Os homens, com a sua inteligência, chegaram a resultados que jamais haviam alcançado, sob o ponto de vista das ciências, das artes e do bem-estar material. Resta-lhes ainda um imenso progresso a realizar: o de fazerem reinar entre si a caridade, a fraternidade, a solidariedade, que lhes assegurem o bem estar moral".

Kardec também diz que haverá um período em que os homens exercitarão a elevação dos sentimentos, destruindo em si mesmos o egoísmo e o orgulho.

– Diante de tantos acontecimentos que temos presenciado atualmente, nos quais em vários pontos do mundo o sofrimento tem atingido muitos homens ao mesmo tempo, podemos concluir que já estamos sendo preparados e burilados em nossos sentimentos em relação ao próximo, com as atitudes solidárias de tantos povos?

R: Disso não há duvidar. Se atentarmos apenas para a Informática e para a Medicina, enquanto fatores de progresso humano em benefício de toda a humanidade, intuiremos que Deus autorizou aos espíritos protetores fazerem aportar na Terra os admiráveis avanços científicos que alcançamos.

Esse é um sinal pra lá de objetivo de que "os tempos estão mesmo chegados", sendo de se raciocinar que a transformação da Terra, de "Mundo de provas e expiação", em "Mundo de Regeneração", não ocorrerá via cataclismos ou grandes destruições por fenômenos geológicos; nem em determinado momento, mas progressivamente. Talvez, como já disse e almejo, antes do fim do terceiro milênio, o que, em termos da eternidade e principalmente em razão da idade do planeta, representará um minuto.

▶ 6. "A fraternidade será a pedra angular da nova ordem social; mas, não há fraternidade real, sólida, efetiva, senão assente em base inabalável e essa base é a fé; (...) Quando todos os homens estiverem convencidos de que Deus é o mesmo para todos (...) se estenderão as mãos uns aos outros."

– Com esse pensamento bastante universalista, Kardec, em A *Gênese*, cap.18, nº 17, RJ: FEB, 1992, 35ª Ed., estaria nos fazendo refletir sobre o fato de que haverá somente um Deus e um credo, isto é, a religião do futuro? A fraternidade e o amor baseados na fé, em apenas um Deus, serão no futuro as palavras de ordem? Qual será o papel do Espiritismo nesse sentido?

R: Num mundo em que o bem supere ao mal (Mundo de Regeneração), a vida das pessoas há de ser regulada pelo respeito espontâneo, consciente, recíproco, integral, ao próximo e à natureza. Nesse patamar podemos inferir que o homem se manterá permanentemente ligado a um só Deus, o Criador!

Isso, salvo melhor juízo, representa que nesse mundo as religiões terão desaparecido, se considerarmos que religiões são muletas, indispensáveis apenas para os carentes de evolução moral, eis que o homem integralizado no bem não carece de nenhuma delas para a sua ação.

Nesse mundo, futuro da Terra, haverá apenas uma ordem de comportamento moral: a do amor, primeiro a Deus; depois, ao próximo.

▶ 7. – Qual seria a recepção da humanidade a Jesus, num eventual retorno?

R. Sobre eventual volta de Jesus se nós, os cristãos, imaginamos que com isso toda a humanidade se transformará, há uma realidade a ser considerada: Ele não foi e ainda não é unanimidade terrena...

Senão, vejamos:

✔ à época de Jesus na Terra, a população mundial, segundo estimativa de alguns demógrafos, oscilava de 170 a 250 milhões de habitantes: fico na média;

✔ nem todos o aceitaram como o Mestre dos mestres;

✔ até hoje, não aceitar o Cristo como o Messias, de forma alguma exclui alguém de proceder fraternalmente, de "ser do bem". Não! Ser bom jamais foi característica apenas dos seguidores de qualquer credo ou religião, ou mesmo de eventuais ateus;

✔ em 1952, no livro *Roteiro*, RJ: FEB, por intermédio da psicografia de Francisco Cândido Xavier, o Espírito Emmanuel informava que para os dois bilhões de espíritos encarnados havia 20 bilhões desencarnados;

✔ em 1964, no *Anuário Espírita de 1964*, SP(Araras): IDE, por intermédio da psicografia de Francisco Cândido Xavier, o Espírito André Luiz informava que para os três bilhões de espíritos encarnados havia 21 bilhões desencarnados;

✔ assim, na primeira citação (de Emmanuel), temos que para um encarnado havia dez desencarnados, e na segunda (de André Luiz), a proporção era de 1:7;

✔ atualmente, 6,5 bilhões de pessoas habitam a Terra. Quantos desencarnados? Se ficarmos com o último dado, de André Luiz: 21 + 3 – 6,5 = 17,5 bilhões.

Obs.: Caro leitor: todos esses números (citação feita apenas como conjetura, que como tal, não passa de opinião pessoal) parecem sinalizar que o planeta Terra, desde o tempo em que Jesus estava entre nós aos dias atuais, vem sendo destino de grande número de espíritos alienígenas...

✔ se volvermos ao tempo de Jesus (± 210 milhões de encarnados), imaginar quantos desencarnados havia é número que fica difícil de ajuizar, mas pela proporção, talvez seja de dez vezes mais do que dos encarnados, isto é, algo em torno de três bilhões;

✔ dessas reflexões temos que para mais de 20 bilhões de espíritos, encarnados e desencarnados, nem sequer estariam na Terra, quando da primeira vinda de Jesus, logo, para eles, não haveria retorno, senão sim, um primeiro contato;

✔ conforme registrei aqui, no capítulo "O Homem e a Religião", segundo o *Almanaque Abril/2009*, SP: Editora Abril, 2009, 35ª Ed., em 2005 havia cerca de 2,135 bilhões de cristãos no mundo. Ora, dedutivamente 4,365 bilhões de pessoas (6,5 – 2, 135 = 4,365) não têm Jesus como referencial de "Salvador", nem como sendo "o Messias".

Triste. Mas essa é a realidade, hoje!

Imagino, porém, que com os fantásticos meios de divulgação hoje existentes, um novo estágio de Jesus entre nós, encarnado, agirá como sublime catalisador de uma expressiva melhoria moral de toda a humanidade.

A vida em outros mundos

– Há vida em outros mundos?

Desde que a Astronomia comprovou que a Terra é um planeta a girar em órbita cativa ao Sol, solidariamente com outros planetas, o homem fez a pergunta acima, que muito mais passou a ser repetida quando ficou provado que a quantidade de sóis e planetas é incontável...

Como é a vida em outros mundos não há um único homem que possa afirmar e comprovar, pode apenas devanear, sonhar, ensaiar... Contudo, espíritos mais evoluídos que os terrestres podem ao menos informar algo a esse respeito, mediunicamente.

Nesta oportunidade, trarei para os leitores a resposta dada por vários estudiosos, cada um a seu modo. Inicialmente registrarei as premissas espíritas dessa tão apaixonante quanto instigante questão.

Isso posto, socorrendo-me da síntese, eis as respostas:

Do Espiritismo

O Livro dos Espíritos

▸ Questões nº 55 a 59

✔ Sim! Há vida em todos os globos que se movem no espaço!

✔ Deus povoou de seres vivos os mundos e pensar ao contrário será duvidar de Sua sabedoria [por que o Criador faria coisas (mundos) inúteis?];

✔ a constituição física dos habitantes difere de mundo a mundo, embora a forma corpórea, em todos os mundos, seja a mesma da do homem terrestre, com menor ou maior embelezamento e perfeição, segundo a condição moral dos habitantes;

✔ mundos afastados do Sol têm outras fontes de luz e calor, adequados à constituição dos respectivos habitantes; muitos mundos têm fontes próprias, por exemplo a eletricidade, com outros empregos, sem compreensão terrena;

▸ Questões 172 a 188

✔ a existência corporal na Terra é das mais grosseiras e das mais distantes da perfeição;

✔ as diversas existências físicas do homem podem ser na Terra, bem como em outros mundos; o início dessas existências não terá sido aqui, bem como seu término também não o será;

✔ a multiplicidade de vidas na Terra proporciona uma enorme gama de aprendizados ao espírito;

✔ em cada mundo há uma gradação de valores morais dos seus habitantes;

✔ o conhecimento de detalhes físicos e morais sobre os habitantes de outros mundos perturbaria aos terrestres, daí não lhes ser revelado ainda;

✔ infância e duração da existência nos mundos superiores à Terra: é mais curta a infância, e mais longa a existência, dado que corpos mais sutis têm menos fatores a miná-los;

✔ o perispírito (corpo que reveste o espírito) é formado por matéria específica de cada mundo, sendo que os espíritos puros têm envoltórios "extremamente" etéreos:

Obs.: disseram os espíritos a Allan Kardec, quanto ao grau de evolução dos habitantes do Sistema Solar:

✔ Marte: inferior à Terra;

✔ Júpiter: muito acima de ambos (muitos espíritos que habitaram na Terra disseram estar em Júpiter – na coleção da *Revista Espírita*);

✔ Sol: não tem habitantes. Contudo, é local de reunião de espíritos superiores.

O Livro dos Médiuns

▶ Primeira Parte, Capítulo 1, nº 2

"Por que privilégio injustificável esse grão de areia imperceptível [a Terra], que não se distingue nem por seu volume, nem por sua posição, nem por um papel particular, seria o único povoado com seres racionais? A razão se recusa a admitir essa inutilidade do infinito, e tudo nos diz que esses mundos são habitados."

*

▶ Primeira Parte, Capítulo 1, nº 100

✔ em mundos mais adiantados o homem se põe em comunicação com os espíritos com maior facilidade e os vê com frequência.

▶ Segunda parte, capítulo 26, nº 296

✔ as descrições que os espíritos fazem sobre outros mundos devem ser vistas com extrema cautela; os bons espíritos dão uma ou outra informação sobre os habitantes de diferentes mundos, com o objetivo precípuo do nosso melhoramento moral.

O Evangelho Segundo o Espiritismo

▶ Capítulo 3, nº 3 e 4

✔ há mundos cujas condições morais dos seus habitantes são inferiores às da Terra; em outros, são da mesma categoria; há mundos mais ou menos superiores e, finalmente, há aqueles nos quais a vida é, por assim dizer, toda espiritual;

✔ classificação dos mundos (puramente pedagógica) segundo seu estado moral e destinação:

a. mundos primitivos: primeiras encarnações da alma

b. mundos de expiação e provas: predomínio do mal (a Terra é desta classificação)

c. mundos de regeneração: as almas ainda têm o que expiar, mas ali encontram repouso das fadigas

d. mundos ditosos: predomínio do bem

e. mundos celestes ou divinos: habitação dos espíritos depurados; neles, reina exclusivamente o bem.

A Gênese

▶ Capítulo 11, nº 7 a 9

✔ desde toda a eternidade Deus criou mundos materiais e seres espirituais, pois se assim não fora tais mundos careceriam de finalidade;

✔ os seres são criados simples e ignorantes, tendo por fanal a evolução, rumo à angelitude;

✔ antes da existência da Terra mundos sem conta haviam sucedido a mundos...

Revista Espírita

Publicação mensal, de 1858 a 1869 sob a direção de Allan Kardec. Já no primeiro ano Kardec advertia que os textos publicados seriam aqueles referentes aos fatos que chegassem ao seu conhecimento – comunicações mediúnicas (na maioria) e cartas de leitores. A publicação seria realizada desde que contivesse um fim útil aos demais leitores. Dos textos, abstrairia suas próprias ideias, deles sendo apenas editor, ou "inventariante".

Dessa forma, tudo o que fez publicar ali contou sim com sua judiciosa seleção, mas não necessariamente expressando seu pensamento. É de se deduzir que, no mínimo, atribuiu aos textos o beneplácito do possível.

Sobre o tema "Vida em outros mundos", não o detalhou nos livros com os quais codificou o Espiritismo, fazendo-o na *Revista Espírita*. Por si só, tal fato autoriza-nos imaginar que o mestre lionês, na missionária tarefa de codificar a Doutrina dos Espíritos, optou por dividir sua dedicação em dois projetos:

*

✔ o primeiro, lançar bases espirituais, filosóficas e científicas do Espiritismo, o que fez nas chamadas Obras Básicas;

✔ o segundo, publicar, em paralelo, fatos concernentes ou que de alguma sorte pudessem a ela (à Doutrina dos Espíritos) se ligar – fê-lo na *Revista Espírita*.

É sob esse enfoque que encontramos inúmeros textos na coleção da *Revista Espírita*, dando pormenores da vida em outros mundos, por exemplo:

▶ Março de 1858

✔ Marte: vida inferior à da Terra

Obs.: esse registro corrobora a longa "nota de rodapé" inserida na questão nº 188 de *O Livro dos Espíritos*, de abril de 1857;

✔ Urano: habitantes com moral mais elevada do que a dos terrestres;

✔ Júpiter: o mais avançado dos planetas do Sistema Solar. Seus habitantes:

✔ corpos de conformação semelhante à terrena, mas de maior leveza;

✔ deslocam-se roçando ao solo, sem fadiga (como os peixes e as aves);

✔ na morte, os corpos não são submetidos à decomposição pútrida: dissipam-se;

✔ alimentam-se de frutas, plantas e emanações nutritivas do meio ambiente;

✔ expectativa de vida: cerca de 500 anos (quase não há doenças);

✔ infância: dura apenas alguns dos nossos meses;

✔ linguagem: quase sempre de espírito a espírito (mas há, também, a linguagem articulada);

✔ ocupações: puramente intelectuais;

✔ vidência (segunda vista) permanente, para a maioria dos habitantes;

✔ animais: mais inteligentes que os animais terrestres, mas sem se aproximar do nosso nível... são encarregados dos trabalhos manuais;

✔ arquitetura: na *Revista Espírita* de agosto de1858, em anexo, foi distribuído detalhado desenho de uma habitação em Júpiter (a casa de Mozart), desenho esse realizado por médium desenhista, muito elogiado por Kardec; entrevistado, mediunicamente, Mozart declarou que tem Cervantes e Zoroastro por vizinhos...

▶ Maio de 1859

✔ Chopin está residindo em um dos mundos atribuídos a espíritos errantes; esses mundos assemelham-se aos acampamentos terrenos, destinados a repouso temporário; os habitantes desses mundos podem deles se afastar, quando queiram.

*

▸ Outubro de 1860

✔ "Marte é a primeira encarnação dos demônios (sic) mais grosseiros; (...) são seres rudimentares; (...) sua vida é curta; (...) não são canibais." Sua vida beira à vida da "Idade da Pedra", da Terra; lá, os mares são "furiosos" e não permitem a navegação.

Obs.: Vejo aqui outra nota corroborando a questão nº 188 de *O Livro dos Espíritos*.

▸ Agosto de 1862

("O planeta Vênus" é um ditado mediúnico espontâneo, do Espírito Georges, o qual comparece em vários números da *Revista Espírita*). Disse ele sobre Vênus:

✔ ar: sutil, como o das altas montanhas terrenas; impróprio para os terrestres; mar profundo e calmo; divisões, querelas e guerras são desconhecidas; artes sublimes substituem a indústria terrestre;

✔ habitantes: semelhantes aos da Terra; têm adoração constante e ativa ao Ser Supremo, sem cultos;

✔ alimentação: à base de frutas e de lacticínios; ignoram nutrição por carne; não existem doenças;

✔ expectativa de vida: infinitamente mais longa do que a prova terrestre; a velhice é o apogeu da dignidade humana;

✔ vestes: uniformes, grandes túnicas brancas.

Até aqui, caro leitor, todos os meus passos foram dados na sólida companhia de Kardec. Redobro minha admiração por tão competente quanto amiga companhia. Com imenso respeito a todas as religiões, é-me inescapável verificar que somente o Espiritismo se debruçou sobre o tema que estou enfocando, de tamanha transcendência.

Daquilo que encontrei, tanto nas Obras Básicas do Espiritismo, quanto na *Revista Espírita*, posso inferir que:

1º – Por zelo e prudência, os registros, eventuais análises, reflexões e pareceres exarados por Kardec, foram precedidos de expressões do tipo:

✔ "este livro [*O Livro dos Espíritos*] foi escrito por ordem e mediante ditado de Espíritos superiores..."

✔ "do ensino dado pelos Espíritos..."

• "todos os Espíritos afirmam e a razão diz que assim deve ser..."

✔ "antes de entrarmos nos detalhes das revelações que os Espíritos nos fizeram..."

✔ "vamos apresentar as respostas que os Espíritos deram..."

✔ "ideias desenvolvidas nesta obra, algumas delas são pessoais, outras hipotéticas, outras são esboços..."

✔ "essa descrição (dada por um Espírito sobre Vênus), sem dúvida, não tem nenhum dos caracteres de uma autenticidade absoluta, e também não a damos senão a título condicional..."

2º – Assim, lecionando cautela e sabedoria, Kardec, ao tratar da "habitabilidade" nos diversos mundos, foi econômico quanto a detalhes da vida material neles, trilhando quase que exclusivamente pelo perfil moral dos seus habitantes.

3º – Imagino que é por essa causa que não há especificidade no Espiritismo sobre as condições físicas da vida nos diferentes mundos. O que temos ali é sempre o enfoque do comportamento, no bem ou no mal, endereçando cada espírito para um mundo consentâneo com seu histórico vivencial-moral, consubstanciando *débito* e *crédito*. Em razão desse patrimônio moral, edificado em multiplicadas existências, o espírito terá passaporte para mundo cuja vida e habitantes sejam adequados a ele, em sintonia com seu grau de evolução, e onde, por bondade de Deus, lá o aguardam meios e novas oportunidades de crescimento moral.

Agora, despedindo-me de Kardec, mas ainda nos trilhos espíritas, vou caminhar com outras companhias.

Obras psicografadas

De início, pela abençoada mediunidade de Francisco Cândido Xavier, poderemos "ir a outros mundos" e ver como é a vida (física e moral) por lá...

Cartas de uma Morta

Livro do Espírito Maria João de Deus (mãe de F. C. Xavier), de 1935, cuja segunda edição, de 1937, aparenta ser "edição própria". Desse livro há uma 8ª edição, de 1978, da Lake, São Paulo, a cargo do departamento editorial Caminheiros do Bem.

Nessa obra encontramos dois capítulos referentes a Saturno e a Marte:

▶ Saturno

✔ saturninos são incontestavelmente superiores aos terrestres; não há vícios, nem guerras; utilizam a eletricidade na sua plena possibilidade;

✔ tem habitações de estilo gracioso;

✔ a autora espiritual viu seres estranhos, extraordinariamente feios, evolucionando-se nos ares, em "gracis movimentos";

✔ os habitantes dedicam-se mais à espiritualidade;

✔ as moléstias incuráveis lhes são desconhecidas;

✔ a vegetação: é diferente da terrena, pois é azulada;

✔ os mares são rosados.

▶ Marte

✔ habitantes: têm grande espiritualidade: sem guerras, só vibrações de paz;

✔ os homens são mais ou menos semelhantes aos terrícolas, mas os seus organismos possuem diferenças apreciáveis – além dos braços, têm ao longo das espáduas umas ligeiras protuberâncias, à guisa de asas, que lhes prodigalizam interessantes faculdades volitivas;

✔ o ar é muitíssimo mais leve; conhecem os enigmas profundos da eletricidade, que usam com maestria;

✔ as edificações são análogas às da Terra;

✔ a vida em Marte é mais aérea, há poderosas máquinas;

✔ embora existam oceanos, há pouca água; sistemas de canalização; poucas montanhas.

Emmanuel – RJ: FEB, 1938

Livro do autor espiritual cujo nome é o título da obra. Consta no prefácio:

(...)

"assim como Marte ou Saturno já atingiram um estado mais avançado em conhecimentos, melhorando as condições de suas coletividades, o vosso orbe (a Terra) tem, igualmente, o dever de melhorar-se, avançando, pelo aperfeiçoamento das suas leis, para um estágio superior, no quadro universal".

Novas Mensagens – RJ: FEB, 1939

O autor espiritual (Humberto de Campos) traz um capítulo inteiro sobre visita (em espírito) que fez a Marte:

✔ Marte tem cidades fantásticas pela sua beleza inaudita: avenidas extensas e amplas, sendo as construções análogas às da Terra; a vegetação, de tonalidade vermelha, é muito mais exuberante do que a terrena;

✔ Marte é "um irmão mais velho e mais experimentado na vida; seus habitantes sempre oram ao Senhor do Universo, em benefício da humanidade terrena";

✔ habitantes têm arcabouço físico algo diferente do terrestre;

✔ alimentação: por meio das forças atmosféricas;

✔ (viu) máquinas aéreas possantes que se balouçavam no pé das nuvens; muitas dessas nuvens são produzidas artificialmente, para atender reinos mais fracos da natureza.

OBRAS DOUTRINÁRIAS

Os Exilados da Capela, SP: Editora Aliança, 1951, 1ª Ed.

Livro de autoria de Edgard Armond (1894-1982), fecundo estudioso e escritor espírita, com primeira edição em 1951. Ouçamos advertência do próprio autor:

"Esta não é uma obra de erudição, ou de ciência, que se apoie em documentos ou testemunhos oficialmente aceitos e de fácil consulta. É um simples ensaio de reconstituição histórico-espiritual do mundo, realizado com auxílio da inspiração e de algumas fontes de consulta, dentre as quais se destacam: *Gênese*, de Moisés; *A Gênese*, de Allan Kardec; *A Caminho da Luz*, de Emmanuel, psicografia de Francisco C. Xavier".

Na verdade, Edgard Armond coligiu e comentou muitos outros dados esparsos e complementares, registrados por diversas civilizações, em várias épocas.

Fundamentalmente a obra trata das imigrações planetárias, em particular das referentes a um dos planetas da grande estrela de primeira grandeza que, na Terra, recebeu o nome de Cabra ou Capela, distante de nós quarenta e dois anos-luz.

Nesse planeta, a civilização alcançou expressivo grau evolutivo mas muitos dos seus habitantes, rebeldes, pertinazes no crime, estavam dificultando a consolidação do progresso moral alcançado pelos povos cheios de piedade e virtudes...

Em consequência, milhões de espíritos desse mundo vieram para a Terra.

Eis como o autor comenta esse notável fato:

"Esses milhões de ádvenas [estrangeiros, forasteiros, de outras procedências] para aqui transferidos, eram detentores de conhecimentos mais amplos, e de entendimento mais dilatado, em relação aos habitantes da Terra, e foram o elemento novo que arrastou a humanidade animalizada daqueles tempos para novos campos de atividade construtiva, para o aconchego da vida social e, sobretudo, deu-lhe as primeiras noções de espiritualidade e do conhecimento de uma divindade criadora".

"Essa permuta de populações entre orbes afins de um mesmo sistema sideral, e mesmo de sistemas diferentes, ocorre periodicamente, sucedendo sempre a expurgos de caráter seletivo; como também é fenômeno que se enquadra nas leis gerais da justiça e da sabedoria divinas, porque vem permitir reajustamentos oportunos, retomadas de equilíbrio, harmonia e continuidade de avanços evolutivos para as comunidades de espíritos habitantes dos diferentes mundos".

"Por outro lado é a misericórdia divina que se manifesta, possibilitando a reciprocidade do auxílio, a permuta de ajuda e de conforto, o exercício enfim, da fraternidade para todos os seres da criação. Os escolhidos, neste caso, foram os habitantes de Capela que deviam ser dali expurgados por terem se tornado incompatíveis com os altos padrões de vida moral já atingidos pela evoluída humanidade daquele orbe".

Às Margens do Rio Sagrado

Outro livro de Edgard Armond, SP: Editora Aliança, 1979, 1ª Ed.

Num capítulo inteiramente dedicado a Saturno, diz-nos o autor:

✓ Saturno é um mundo de paz;

✓ habitantes: seres evangelizados; seus órgãos de percepção são mais elevados; seus corpos são eterizados, suportando longos períodos de atividades sem alimentação (esta, feita de sucos vegetais e respiração);

✓ atividade religiosa: intensa, em comunhão com o plano espiritual superior;

✓ casas não têm portas; "arquitetura" espiritual; construções, em geral, são de material translúcido e flexível (em muitos casos, são edificadas construções com a ajuda de técnicos selecionados por meio da mentalização);

✓ tráfego intenso, silencioso e suave.

ENSAIOS CIENTÍFICOS DE CONSAGRADOS PENSADORES

Antes, devemos refletir que nós, os seres humanos, só podemos discorrer sobre aquilo que os sentidos nos mostrem, possibilitando-nos, por analogia e pela lógica, comparar e deduzir. Daí, partindo do conhecido, temos chegado ao desconhecido.

É assim que através dos séculos o homem vem edificando seu aprendizado terreno, aplicável à vida física.

– Agora, como falar da vida em outros mundos?!

Para tanto, melhor será nos equiparmos da razão, de parelha com a fé, e analisarmos o que alguns cientistas ensaiaram a respeito. Eis alguns exemplos:

Nicolas Camille Flammarion (1847-1925), célebre astrônomo francês.

▶ *A Pluralidade dos Mundos Habitados*

Esta obra (Na França, em 1862, traduzida da 23ª edição e publicada em português pela Livraria Garnier Irmãos, Rio de Janeiro), trata das condições de "habitabilidade" das terras celestes, discutidas do ponto de vista da Astronomia e da Fisiologia, fazendo abstração do Espiritismo, daí advindo que seu caráter eminentemente científico dirige-se aos incrédulos.

Obs.: Kardec, em duas ocasiões, elogiou esse livro (na *Revista Espírita* de janeiro de 1863 e na de setembro de 1864). Fica o convite para o leitor que queira pesquisá-la. É obra de fôlego.

▶ *Urânie*

Livro escrito provavelmente em 1864, cuja primeira edição em português é de 1951, pela Federação Espírita Brasileira, sob o título *Urânia*. Nessa obra, muito descritiva, Flammarion ensaia:

✔ o número de universos é infinito;

✔ Marte e Vênus têm habitantes pensantes;

✔ Júpiter está em período primário de preparação orgânica;

✔ Saturno será habitado por seres incompatíveis com os organismos terrestres;

✔ Marte é semelhante à Terra, porém mais adiantado na senda do progresso:

- habitantes são muito superiores aos da Terra; são maiores e mais leves que os terrestres; transportam-se por navegação aérea (frotas movidas pela eletricidade); são de origem sextúpede: bípedes, bimanos e "bialados" (2 asas); têm 12 (doze) sentidos, que lhes permitem comunicação direta com o universo;
- não há alimentação: sua nutrição se dá por renovação celular, por meio de respiração similar àquela das árvores terrestres;
- construções são edificadas pelo pensamento;
- todos os trabalhos materiais são executados por máquinas e sob direção de algumas raças de animais mais evoluídos;
- concepções e nascimentos lembram algo parecido com a fecundação das flores;
- a luz sobre os habitantes de Marte não produz a respectiva sombra;
- Marte já mandou sinais para a Terra, mas sem resposta;

✔ Vênus é um mundo análogo à Terra e menos privilegiado ainda; as estações rápidas produzem bruscas variações de temperatura.

*

Pierre Simon (1749-1827), dito Marquês de Laplace, célebre astrônomo, matemático e físico francês.

▶ *Exposição do Sistema do Mundo*

Livro editado na França, em 1796. No capítulo 6, o autor analisa e reflete:

"A ação benfazeja do Sol faz desabrochar os animais e as plantas que cobrem a Terra, e a analogia nos leva a crer que ela produz efeitos semelhantes sobre os outros planetas: porque não é natural pensar que a matéria da qual vemos a fecundidade se desenvolver de tantas maneiras, seja estéril sobre um tão grande planeta como Júpiter que, como o globo terrestre, tem seus dias, suas noites, seus anos, e sobre o qual as observações indicam as mudanças que supõem forças muito ativas... O homem, feito para a temperatura de que ele goza sobre a Terra, não poderia, segundo toda a aparência, viver sobre os outros planetas. Porém não deve haver aí uma infinidade de organizações relativas às diversas temperaturas dos globos e dos universos? Se a única diferença dos elementos e dos climas põe tanta variedade nas produções terrestres, quanto mais devem diferir as dos planetas e dos satélites!"

Vemos que vários foram os pronunciamentos sobre a vida em outros mundos, havendo evidente contradição entre Kardec e eles, especialmente Marte.

A questão se faz espinhosa...

Deixo ao leitor a análise, reflexão e aceitação, ou não, de tudo aquilo que trouxe para este texto.

De minha parte, do pouco que aprendi com aquilo que a vida tem para ensinar, considero integralmente válidas as assertivas registradas em *O Livro dos Espíritos*. Quanto às opiniões que com elas possam colidir, não as invalido, de início: as divergências sobre esse tema também as deixo no "armário da razão", cujo senhor é o tempo, para que ele, quando eu estiver em patamar espiritual bem mais elevado, mostre-me se elas devem ser alocadas na "prateleira dos devaneios" ou na da verdade...

E, finalizando, para balbuciar tímida resposta à pergunta que abre essa leitura, reflito na grandeza da natureza, que aqui mesmo na Terra me leva a um profundo respeito e amor filial ao Criador, deduzindo que sim: há vida pujante em outros mundos (são muitos seres, bilhões, trilhões, quem sabe?).

Para minha dedução, socorro-me do mais poderoso aval que qualquer ser humano terrestre pode avocar, o de Jesus, quando afirmou:

"Há muitas moradas na casa do meu Pai".
